뿌리내리는 정통주의 신학

동일한 신앙고백, 다양한 신학논쟁

다함은
도서출판 다함은

1. **다윗**과 아브라**함**의 자손
   아브라함과 다윗의 자손으로, 하나님 구원의 언약 안에 있는 택함 받은 하나님 나라 백성을 뜻합니다.

2. 마음과 뜻과 힘을 **다하여** 하나님을 사랑하라
   구약의 언약 백성 이스라엘에게 주신 명령(신 6:5)을 인용하여 예수님이 가르쳐 주신 새 계명
   (마 22:37, 막 12:30, 눅 10:27)대로 마음과 뜻과 힘을 다해 하나님을 사랑하겠노라는 결단과 고백입니다.

사명선언문

1. 성경을 영원불변하고 정확무오한 하나님의 말씀으로 믿으며, 모든 것의 기준이 되는
   유일한 진리로 인정하겠습니다.

2. 수천 년 주님의 교회의 역사 가운데 찬란하게 드러난 하나님의 한결같은 다스림과
   빛나는 영광을 드러내겠습니다.

3. 교회에 유익이 되고 성도에 덕을 끼치기 위해, 거룩한 진리를 사랑과 겸손에 담아 말하겠습니다.

4. 하나님 앞에서 부끄럽지 않도록 항상 정직하고 성실하겠습니다.

뿌리내리는 정통주의 신학

동일한 신앙고백, 다양한 신학논쟁

초판 1쇄 인쇄 2018년 8월 28일
초판 1쇄 발행 2018년 9월 4일

지은이 | 권경철
펴낸이 | 이웅석

펴낸곳 | 도서출판 다함
등 록 | 제2018-000005호
주 소 | 경기도 군포시 번영로 489, 401호(산본동, 중앙타워)
전 화 | 031-391-2137
팩 스 | 050-7593-3175
이메일 | dahambooks@gmail.com

편 집 | 김태윤
교 정 | 이수화
일러스트 | 곰도와니
디자인 | 참디자인(02-3216-1085)

ISBN 979-11-963627-6-8
ISBN 979-11-963627-5-1 04230 (세트)
CIP제어번호 CIP2018026685

* 이 책은 신저작권법에 의하여 국내에서 보호를 받는 저작물입니다.
  출판사와의 협의 없는 무단 전재와 무단 복제를 엄격히 금합니다.

* 책 값은 뒷표지에 있습니다.
* 잘못된 책은 교환하여 드립니다.

이 도서의 국립중앙도서관 출판예정도서목록(CIP)은 서지정보유통지원시스템 홈페이지
(http://seoji.nl.go.kr)와 국가자료공동목록시스템(http://www.nl.go.kr/kolisnet)에서 이용
하실 수 있습니다.

다함 종교개혁 이후 시리즈 · 17세기

뿌리내리는 정통주의 신학

동일한 신앙고백, 다양한 신학논쟁

권경철 지음

도서출판 다함

CONTENTS

목차

추천사

정말 적절한 때에 꼭 필요한 책이 나왔다. 17세기 신학은 16세기 종교개혁 신학을 단순히 계승하는 데 그치지 않고 종교개혁의 신학 및 신앙의 실천을 위해 반드시 요구되는 골격을 세웠다. 만일 17세기의 신학이 구성되지 않았다면, 우리는 신학은 있으나 체계가 없고 질문은 많으나 정리된 해답은 심히 부족한 신학의 기근을 고통스럽게 겪고 있었을 것이다.

특별히 개혁신학을 고백하는 교회는 벨기에 신앙고백서, 하이델베르크 요리문답, 그리고 도르트 신경이라는 귀한 16세기 유산을 물려받았지만, 아울러 17세기에 또한 웨스트민스터 표준문서의 유산도 있음을 기억해야 한다. 17세기 신학은 종교개혁 신학의 구조와 요소들을 튼실하게 하며 오늘까지 장로교회와 개혁교회를 이끄는 동력을 제공해왔다.

이 책은 17세기의 신학 세계로 들어가는 여정을 제공한다. 그리고 이 여정은 많은 독자들에게 미지의 신세계를 탐구하는 즐거움을 준다. 이 책은 쉽고 재미있으며 적지 않은 정보도 제공한다. 그리고 배경을 알면 사건에 대한 이해가 밝아지듯이, 이 책을 읽으면 17세기 신학이 왜 소중한지를 이해할 수 있다. 책의 기획이 좋고, 의도에 충실히 쓰였으며, 그 결과가 만족스럽다. 독자는 충분하면서도 확실한 보상을 받을 것이다. 이 책을 기쁘게 추천한다.

_ 김병훈 (합동신학대학원대학교 조직신학 교수)

***

지금 한국교회에는 온고지신(溫故知新)이라는 오랜 교훈이 매우 절실하다. 구석구석마다 부패의 냄새가 드리운 한국 교회 속에서 '개혁교회는 끊임없이 개혁되어야 한다'는 말이 실제가 되고 현실이 되기를 기대한다. 그 개혁은 그리스도만이 오롯하게 남게 되는 과업이며 동시에 성경 말씀의 진의가 온전히 드러날 때 가능한 역사(役事)이기도 하다.

이 책은 종교개혁의 시기를 지나 더욱 성경 진리에 천착하고자 했던 이들의 자취와 수고를 부드럽게 마주하도록 도와준다. 그러면서 그들이 진리대로 살아내고자 분투했던 현장을 들여다보며 우리 시대의 상황을 헤아려보게 한다. 독자들은 경건과 학문의 조화를 추구하였던 믿음의 선배들의 뒤를 따르면서 '죽은 정통'이 아닌 '살아있는 신앙'으로서 17세기 정통주의 시대를 음미해 볼 수 있다. 책을 읽다보면 흡사 여행가이드의 음성을 생생하게 들으며 그 시기를 걸어보는 듯하다. 젊은 신학자, 권경철 형제의 이 책이 한국교회의 목회자들과 성도들에게 두루 읽혀서 튼튼한 신학과 건실한 삶이 어우러진 한국교회로 나아갈 수 있기를 소망한다.

_ 송태근 (삼일교회 담임목사)

***

이 책은 복합적인 장르의 책이다. 유럽의 아름다운 도시들을 안내하는 '기행문'이면서 17세기 유명한 정통주의 신학자들의 '전기'이기도 하고, 동시에 그들의 사상과 작품을 소개하는 '신학서'이기도 하다. 말하자면 일석삼조(一石三鳥)의 효과를 내는 책이라고 할 수 있겠는데, 저자의 탁월한 실력과 글쓰기 솜씨로 말미암아 하나로 완결된 훌륭한 작품이 되었다.

이 책은 16세기 이후에도 개혁신학이 유럽의 여러 도시들에서 아름답게 꽃피어나고 있었다는 사실을 매우 설득력 있게 보여준다. 독자들은 마치 유럽여행을 다니는 듯한 재미를 느끼면서도 동시에 17세기 개혁신학의 정수를 맛보게 될 것이다. 이 책은 성인에서부터 어린이에 이르기까지 모든 세대가 큰 노력을 들이지 않고도 읽을 수 있도록 쉽고 흥미롭게 쓰였다. 책을 읽으면서 이런 생각이 들었다.

"드디어 모든 신자들에게 정통주의 신학을 제대로 소개할 수 있는 책이 나왔다!"

_ **우병훈** (고신대학교 신학과 교수, 교의학 전공)

***

네덜란드만 놓고 보더라도 신학을 하는 학풍이 학교나 교단마다 상당히 다른 것을 느낄 수 있다. 가령 고신 교단과 깊은 관계가 있는 아펠도른 신학교나 캄펜 신학교는 미국으로 치면 웨스트민스터 신학교와 비슷한 학풍을 가지고 있다. 전제주의와 변증적 태도와 같은 신학적인 틀이 어느 신학 영역이든지 반영되기 때문이다. 이때에는 소위 체계라는 것이 긴요한 신학 작업의 전제로 작용한다. 이런 틀이 성경을 읽을 때뿐만 아니라 신학을 형성할 때도 어김없이 반영된다. 칼뱅에게서 비롯되어 그의 후계자들의 신학에 의해 공교화된 신학적 체계를 중시하는 맥락의 선상에서, 17세기 개신교 정통파 신학은 칼뱅과 같은 1세대 신학자들의 근본 사상을 잘 받아들임으로써 체계적으로 "완성된 신학"으로 간주된다. 이런 학풍을 반영하는 학교와 신학이 있는 셈이다. 칼빈 신학교 교수인 리처드 멀러가 이를 대표하는 인물이다.

그러나 사실 이런 흐름에 대해 비판적인 인식을 공유하는 신학도 없지 않다. 칼뱅의 신학과 그 후대의 신학 사이의 내용적인 연속성을 집요하게 추구하고 그것을 더 공교하게 체계화하는 일보다, 칼뱅의 진짜 관심사가 무엇이었는지를 찾아내고 그것이 오늘의 교회 상황에 어떻게 재현될 수 있는지에 관심을 기울이는데 더 많은 시간을 할애하는 흐름을 대변하는 신학적 움직임이 바로 그것이다. 그렇다고 해서 그러한 입장이 17-18세기 신학에 대하여 무지한 것도 아니다. 역사적인 관찰을 하지만, 신학적 연속성을 변증하고 계승하는 일에 관심을 기울이기보다 그런 이해와 함께 칼뱅의 근본적인 관심사를 상실하지 않으면서 그것과 함께 성경을 읽고 신학을 형성하여 교회를 세워가려는 데 더 많은 관심을 드러낸다. 미국적인 배경에서 보면 웨스턴 신학교에서 오랜 세월 조직신학을 강의하고 지금은 은퇴한 존 헤셀링크가 여기에 속한다.

일반적으로 전자의 그룹을 사변적인 신학을 하는 사람들로, 후자의 그룹을 성경적인 신학을 하는 사람들로 구별하여 부르는 경향이 있다. 이와 같은 구별은 역사적 사실관계를 면

밀하게 살피지 않았기에 발생하는 오해이며, 이러한 전제 아래 이 책이 저술되었다고 말할 수 있다. 이 책은 프랑스 파리에서 시작하여 스위스와 독일을 경유해 네덜란드를, 끝으로 대륙에서 섬나라 영국으로 건너가는 여정에서 언급해야 할 중요한 신학자들을 선택하여 그들의 신학을 살짝 엿보는 방식으로 저술되었다. 이 흥미로운 책에서 저자가 하고 싶은 말은 앞서 언급한 긴장이 사실 그렇게 심각한 것이 아니라는 점이다. 그 여부는 이 책과 함께 독자들이 스스로 더욱 확인해야 할 사안이겠으나, 신학이 형성되는 당대의 상황을 고려하면서 한국에서는 거의 불모지와 같은 영역을, 무엇보다 특히 원전에 근거하여 개척하는 저자의 열정을 높이 살 만하다. 칼뱅과 그 이후의 신학의 맛과 멋의 세계를 알아보고 싶은 사람들은 신학생이든 목회자든 혹은 성도든 한번쯤 읽어볼 만한 가치가 충분한 책이라고 생각된다. 독자 여러분의 일독을 권한다.

_ **유태화** (백석대학교 신학대학원 조직신학 교수)

***

역사적 개혁주의를 추구하는 이들은 기본적으로 칼뱅의 『기독교강요』(1559)와 헤르만 바빙크의 『개혁교의학』전집(제2판, 1906-1911)을 숙달할 필요가 있으며, 그 두 대가 사이의 약 350

여 년의 긴 세월도 염두에 두어야 한다. 특히 한국 신학계는 종교개혁자들을 계승한 테오도르 드 베즈로부터 시작된 16세기 후반에서 18세기 중반까지 유럽에서 꽃피웠던 개혁파 정통주의의 풍성한 유산을 직접 접하지 못하는 아쉬움을 이제서야 비로소 깨닫기 시작했다. 최근 리처드 멀러 학파나 네덜란드 우트레흐트의 "옛 개혁파 신학"(oude gereformeerde theologie) 연구자들의 입문 저술들이 국내에 소개되면서, 개혁파 정통주의라는 숨겨진 보고에 입문하게 되는 이들이 적지 않다. 만시지탄의 감이 크지만 진정 탁월하고 유익한 것이라면 늦게라도 누릴 수 있게 된 것이 복이라고 생각한다. 다만 개혁파 정통주의 신학자들이 대부분 라틴어로 신학 작업을 수행했기 때문에 주요 저작들을 읽기가 어렵고, 그들이 소위 스콜라적인 신학 방법론의 대가들이었기 때문에 현대인들의 사고 체계로는 쉽게 따라잡기 어려운 편이다. 더욱이 약 200여 년에 걸친 긴 세월 동안 유럽에서 활동했던 수많은 신학자들에 대한 기초적인 지식을 얻기도 쉬운 일이 아니다.

바로 이러한 시점에서 권경철 박사의 『뿌리내리는 정통주의 신학』이 출간된 것을 환영한다. 그리고 개혁주의 신학에 관심 있는 모든 독자들에게 적극 추천하고자 한다. 저자는 미국 웨스트민스터 신학교에서 17세기 제네바 개혁신학자인 프랑수아 투레티니의 신학을 전공하여 개혁파 정통주의에 대한 전문적인 지식을 가지고 있을 뿐 아니라 라틴어 텍스트들을 잘 소화해내는 학자다. 저자는 이 책에서 개혁파 정통주의의 대표자들 10여 명에 대한 간단한 소개를 하고, 그들이 쓴 주요 저술의 일부를 직접 번역하여 우리들에게 맛보게 해준다. 저자가 16-17세기 텍스트만 파고든 것이 아니라 그 신학자들이 살며 활동했던 장소들을 직접 찾아다니며 확인했다는 점도 이 책의 가치를 높여준다.

독자들은 이 책을 통해 칼뱅과 종교개혁 시대 이후 개혁신학이 유럽의 여러 나라와 도시들에서 어떻게 발전했으며, 개혁파적인 일치성과 더불어 어떤 뉘앙스의 차이들을 가지게 되었는지에 대해 간단명료한 지식을 얻게 될 것이다. 그 과정에서 지금은 거의 잊혀졌지만 종교개혁 이후 개혁신학의 역사 가운데 하나님을 경외하며 신학과 교회를 위해 전력투구했던 수많은 신학적 거장들이 있었다는 사실을 확인하게 될 것이며, 그들이 남긴 신학적 보고들에 대해 더욱 깊이 공부하고 싶다는 자극을 받게 될 것이다. 저자의 수고에 감사드리며, 전문가의 손에서 나온 개혁파 정통주의 신학 입문서를 많은 이들이 읽고 유익을 얻기를 바란다.

_**이상웅** (총신대학교 신학대학원 조직신학 교수)

한국의 개신교도들에게 종교개혁의 유산은 그저 루터와 칼뱅뿐이었다. 하지만 16-17세기 유럽에는 그 외에도 수많은 개혁자들이 있었다. 특히 17세기에는 1세대 개혁자들의 뒤를 이어 정교하고 깊이 있게 종교개혁의 신학을 정립한 거목들이 무수했다. 제임스 패커는 그들 중 영국의 청교도들만을 가리켜 '거목'이라고 했지만, 사실상 유럽 전 대륙에는 그들 못지않은 거목들이 하나님과 교회를 섬기고 있었다. 다만 한국 교회 일반에 소개되지 않고, 신학에 깊은 관심을 가진 소수의 마니아들에게 소개되는 수준이었다.

권경철 박사는 가장 깊고 어려운 공부를 성도들 및 목회자들이 알기 쉽게 풀어냄으로써 독자들에게 새로운 신앙의 롤모델을 제시한다. 저자는 17세기 정통주의 개혁자들을 깊이 연구한 학자로서, 일반 성도들도 충분히 이해할 수 있도록 쉽고 재미있게 유럽 대륙의 거목들을 소개한다. 그들은 일반의 선입견처럼 차가운 지식인이기만 한 것도 아니었고, 목회적 관심이나 경건한 삶에 무심한 사람들도 아니었다. 오히려 어느 때보다 뜨겁고 열렬한 가슴으로 신학을 통해 하나님과 교회를 섬긴 사람들이었다.

_ **이정규** 『새가족반』 저자, 시광교회 담임목사)

이 책은 젊은 신학자 권경철 박사가 쓴 17세기 정통주의 신학 안내서다. 저자는 종교개혁 운동의 주요 지역들을 대표하는 신학자를 선별하고 그들의 생애와 신학적 의의를 설명한 후 원전 맛보기를 덧붙였다. 글의 문체는 종교개혁 도시들을 탐방하며 쓴 여행 산문집의 부드러운 느낌을 선사한다.

이 책은 다소 학문적인 인상을 주었던 기존의 정통주의 신학 입문서, 논문집, 번역서와는 분명 차별화된 글쓰기를 보여 준다. 정교한 역사가의 관찰력과 라틴어 전문가의 원문 직역, 그리고 인물별로 심화된 연구 문헌들의 제시가 이 책의 압권이다. 17세기 정통주의 신학의 숲을 산책하고 싶은 이들에게 적극 추천한다.

_ **한병수** (전주대학교 교목, 교회사 교수)

서문

1517년 마르틴 루터(Martin Luther, 1483–1546)는 면벌부(혹은 면죄부)의 오용과 남용을 공개적으로 반대하는 95개조 반박문을 작성했습니다. 루터는 돈벌이를 위해서 면벌부를 이용해서는 안 되며, 참된 회개에는 진정한 애통과 참회가 있어야 한다고 생각했습니다. 루터의 주장은 종교개혁이라는 역사적 사건의 도화선이 되었습니다.

2017년에는 종교개혁 500주년을 맞이하여 그것을 기념하는 다양한 행사와 학술대회가 전 세계에서 열렸습니다. 대부분의 개신교 신학 관련 학회에서는 종교개혁을 주제로 한 논문 발표회가 진행되었고, 종교개혁 기념품이 제작되었습니다. 루터의 고향인 독일에서는 종교개혁 관광 상품도 판매되었습니다. 심지어 루터와 관련이 없는 우리나라 민간 은행이 종교개혁 기념주화를 제작하여 판매하기도 했습니다.

그러나 사실 1517년에 개신교 신학에 있어 생각보다 결정적인 전환이 일어났던 것은 아니었습니다. 그 이유는 루터와 그의 후계자들, 그리고 프로테스탄트들의 신학에서 95개조 반박문이 차지하는 위치가 생각보다 크지 않기 때문입니다. 왜 그럴까요? 여러 가지 다른 이유가 있겠지만, 가장 결정적인 이유는 95개조 반박문에 나타난 루터의 신학과 후기 루터의 신학이 상당한 차이를 보이기 때문입니다. 루터파 신학자들은 이러한 차이를 감지하고, 루터의 신학을 체계화시키고 계승·발전시킨 일치 신조(Formula of Concord)를 만들어 냈습니다. 루터의 후계자들이 루터의 신학을 체계화하지 않았다면, 루터의 종교개혁이 이렇게까지 큰 영향력을 끼칠 수 없었을 것입니다. 일반 대중들은 종교개혁을 기념하지만, 종교개혁 이후에 상당수의 신학자들이 마르틴 루터의 종교개혁과 우리 사이를 잇는 가교 역할을 했다는 사실을 간과합니다.

이것은 비단 루터와 그의 후계자들만의 이야기가 아닙니다. 장 칼뱅(Jean Calvin, 1509-1564)에 대해서도 대부분의 학자들은 칼뱅만을 주목하고 그의 후계자들을 간과하는 경향이 있었습니다. 종교개혁 또는 칼뱅 전공자들은 많지만, 칼뱅 이후에 일어난 개혁주의 신학자들, 특히 17세기 신학자들에 대해서는 몇 명을 제외하고는 사람들은 그 이름조차 알지 못합니다. 하지만 17세기 신학자들이 없이 오늘날의 개신교 신학이 가능했을까요? 과연 17세기 개혁파 정통주의 신학자들이 없이 칼뱅 한 사람만으로 개혁신학과 장로교회 체계가 완성된 것일까요? 칼뱅 신학이 그의 후계자들에 의해서 계승되지 않았다면, 오늘날과 같은 큰 영향력을 끼칠 수 있었을까요? 우리가 현재 사용하는 신앙고백서들이 대부분 17세기에 만들어졌다는 사실을 염두에 둔다면, 우리는 17세기 없이 칼뱅만으로 쉽게 만족할 수 없을 것입니다.

그동안 많은 사람들이 편견을 가지고 17세기를 다루었습니다. 적지 않은 학자들도 이에 동조하여 17세기를 스콜라주의로 물든 "죽은 정통"의 시대라고 비판해왔죠. 중세를 단순히 "암흑의 세기"라고 폄하하듯이, 많은 사람들이 17세기 신학은 논리의 정확성에만 사활을 건 무미건조한 신학에 불과한 것처럼 평가했습니다. 개신교 스콜라주의의 사변적인 신학은 종교개혁자들이 추구하는 순수하면서도 실천적인 신학과 대조된다는 논지를 펴는 이들도 상당수 있었습니다. 특히 칼 바르트(Karl Barth, 1886-1968)를 따르는 학자들은 칼뱅과 그의 신

학적 후예들을 대조하면서 17세기 신학자들을 비판하는 경향
이 있습니다. 그들에 따르면, 16세기 종교개혁자들의 신학,
특히 칼뱅의 신학은 순수하며 사변과는 거리가 멉니다. 반면
에 정통주의 신학은 스콜라주의적이면서 쓸데없이 학문적인
작업에만 매달리는 불순한 신학에 가깝다고 비판합니다. 헤
르만 바빙크(Herman Bavinck, 1854–1921)와 같은 신학자마저도
17세기에 대한 편견에서 자유롭지는 못했습니다. 바빙크는
17세기 신학에 대해서 다음과 같이 논평합니다.

이 시기 사람들은, 칼뱅…이 했던 것처럼 교리를 단순하게 다루
는 것에는 관심이 없었다…물론 모든 사람이 스콜라주의 방법론
을 받아들인 것은 아니었다…하지만 철학적인 용어, 스콜라주의
적 구분들, 그리고 쓸데없는 학문적인 질문들을 경계하며 진리를
단순한 내용으로 제시한 이들에게도, 17세기는 객관성의 시대였
다. 틀에 박힌 내용들이 서술되었고, 그것들의 순서만 정하면 되
었다. 전통은 무시할 수 없는 강력한 힘을 가지게 되었다. 성경뿐
만 아니라, 신조도, 심지어는 교의신학적으로 교의를 다루는 것
조차도 범접할 수 없는 권위를 소유하게 되었다.[1]

그러나 바빙크의 위와 같은 진술은 매우 과장되었습니다. 17세기에 종교개혁의 신학적 전통이 구체화되고 체계적으로 서술되면서 16세기와는 다른 모양의 신학 작업이 이루어진 것은 물론 부인할 수 없는 사실입니다. 그러나 그렇다고 해서 17세기 전통이 경건주의와는 거리가 멀고 화석화된, '죽은 정통'의 시대라고 일반화시켜서 말하기는 어렵습니다. 상당수의 17세기 개혁신학자들은 경건과 학문의 조화를 추구했습니다. 윌리엄 에임스(William Ames, 1576-1633)나 히스베르투스 푸치우스(Gisbertus Voetius, 1589-1676) 등의 경우, 그들은 스콜라주의자인 동시에 경건주의자였습니다. 에임스 등은 영국 사람이지만 네덜란드에서 후학을 양성했고, 또한 그의 영향력이 청교도들 사이에서 지대했다는 것을 생각한다면, 경건문학으로 유명한 영국 청교도들도 17세기 개혁신학의 산물이라고 할 수 있습니다. 영적으로 버림받았다고 느끼는 신자들에게 구원의 확신을 주기 위해서 푸치우스가 저술한 『내 영이 주를 갈망하며』(두란노 역간)를 실제로 읽다보면 영국 청교도들의 경건과 푸치우스의 경건이 서로 다르지 않다고 느끼게 될 것입니다. 그리고 이러한 유사성과 관련성 때문에, 요즘 학계에서도 영국 신학자들만을 좁게 지칭하는 청교도라는 용어보다 17세기 유럽 대륙의 정통주의 신학이라는 큰 틀 속에 영국 신학자들에 대한 조망을 선호합니다.

또한 상당수의 정통주의 신학자들이 성경 주해와 설교, 그리고 목회로 많은 시간을 보냈다는 점도 잊어서는 안 됩니다. 칼뱅의 후계자인 베즈(Théodore de Bèze, 1519-1605, 영어권에서는 베자[Beza]로 알려짐)는 시편을 프랑스어로 번역했을 뿐만 아니라, 신약성경 전권에 대한 주석서를 집필했습니다. 개신교 스콜라주의의 대표주자라고 할 수 있는 프랑수아 투레티니(François Turrettini, 1623-1687, 영어권에는 프랜시스 투레틴[Francis Turretin]으로 알려짐)는 교수 사역만 감당한 것이 아니라 이탈리아 난민 교회에서 평생 목회했습니다. 그리고 투레티니는 교수가 되기 전에 프랑스 리옹(Lyon) 개혁교회에서도 목회 사역을 감당했습니다. 그 외에도 푸치우스나 레이데커 역시 목회에 오랫동안 몸담고 있다가 교수가 되었습니다.

정통주의자들의 신학에는 '틀에 박힌 내용'밖에 없었다는 주장도 무리가 있습니다. 왜냐하면 개신교 스콜라주의를 표방하는 이들 사이에서도 상당한 신학논쟁과 의견 차이가 존재했기 때문입니다. 심지어는 개혁주의(장로교) 전통 내에서도 칭의, 신약과 구약의 관계 등의 사안에 대해서 다양한 신학적 입장이 있었다는 점을 고려하면, '전통'이나 '교의신학적인 교의 서술'이 '범접할 수 없는 권위'를 가지게 되었다는 식의 서술은 납득하기 어렵습니다.

'철학적인 용어, 스콜라주의적 구분들, 그리고 쓸데없는 학문적인 질문들'도 개신교 스콜라주의를 묘사하기에 그다지 적절한 표현은 아닙니다. 일단 17세기 개혁신학자들이 표방했던 스콜라주의란 학교에 걸맞은 학문 방법론을 지칭하는 것일 뿐, 이성주의 혹은 철학을 신학 위에 올려놓는 작업이 전혀 아니었습니다. 프랑수아 투레티니의 경우를 보면, '철학적인 용어들'이나 '쓸데없는 학문적인 질문들'은 거의 나오지 않습니다. 투레티니는 철학을 신학 위에 둔 적도 없습니다. 게다가 지금은 사변적으로 보일 수 있는 질문들도 사실 그 당시 상황에서 볼 때 변증적인 차원에서 꼭 필요한 질문인 경우가 많았습니다. 리처드 멀러(Richard A. Muller)는 스콜라주의의 이러한 특성을 파악하고, 그에 따라 17세기 신학을 재평가합니다. 그에 따르면, 스콜라주의는 특정한 내용을 담고 있는 철학 사상 같은 것이 아니라 일종의 학문 방법론입니다. 오늘날의 대학에서도 대학에 맞는 학문 방법론이 있듯이, 그 당시의 대학에서도 그러한 '학문적인' 방법이 있었는데, 그것이 바로 스콜라주의라는 말입니다. 따라서 스콜라주의는 그 자체로서 특정한 철학이나 신학 내용과는 직접적인 관련이 없다는 것입니다. 예를 들어, 개혁파 정통주의 신학자들과 아르미니우스는 공통적으로 개신교 스콜라주의의 색채를 띠고 있었지만, 각각의 신학 내용에 있어서는 큰 차이를 보인다는 점이 그 증거입니다.

또한 17세기 개신교 스콜라주의가 중세의 스콜라주의와 동일한 것도 아닙니다. 중세의 스콜라주의와는 다르게, 17세기의 개신교 스콜라주의는 르네상스와 종교개혁의 영향을 지대하게 받았습니다. 이러한 차이점은 토마스 아퀴나스와 투레티니를 비교해보면 잘 나타납니다. 투레티니는 아퀴나스의 신학을 비판적이고 선택적으로 수용했습니다. 투레티니의 칭의론을 아퀴나스의 그것과 비교하면 그 내용만 다른 것이 아니라 논제를 제시하고 서술하는 방식에 있어서도 차이를 보입니다. 더욱이 투레티니를 위시한 개신교 스콜라주의 신학자들이 "바늘 위에서 몇 명의 천사가 춤을 출 수 있는가" 등과 같은 사변적인 질문에 답을 찾기 위해 씨름했다고 폄하하는 것은 옳지 않습니다. 단지 그들은 종교개혁의 정신을 계승하여 그들의 시대에 맞는 학문적인 방식으로 종교개혁 신학을 조직화하고 발전시키며 공고화한 것입니다.

이와 같은 선입견에서 벗어나서 17세기 신학을 있는 그대로 보려고 시도하다보면, 또 다른 난관이 우리를 기다리고 있습니다. 그것은 바로 17세기 신학의 생소함에서 오는 어려움입니다. 일단 17세기의 신학과 문화는 우리 시대의 그것과 상당한 차이가 있습니다. 그리고 이러한 차이점 중에서도 결정적인 것이 언어의 생소함입니다. 17세기에는 주요 신학 작품이 라틴어로 저술되었습니다. 그런데 그러한 신학 작품 중에서 영어나 다른 유럽 언어로 번역된 것이 별로 없고 한국어로는 더더욱 없다는 점을 고려하면, 라틴어를 모르는 사람에게 17세기 신학이란 마치 비밀정원과도 같이 철저히 감추어진 존재라고 할 수 있습니다.

최근에 17세기 신학에 대해서 잘 소개해주는 책들이 다수 출판되었습니다. 그중 대표적인 작품이 리처드 멀러의 『종교개혁 후 개혁주의 교의학』(*Post-Reformation Reformed Dogmatics*)[2]일 것입니다. 이 책은 한국에서도 부분적으로 번역되어 출간되었고, 또 멀러 교수의 한국인 제자들을 통해서도 이 책의 논제가 소개되었습니다. 하지만 이 책만으로는 17세기 신학의 생소함을 상쇄하기에는 부족한 감이 있습니다. 왜냐하면 이 책

은 매우 방대하고 전문적인 연구서에 가깝지 17세기 신학자
들을 어떻게 공부할 것인가에 대한 친절하고 구체적인 입문
서 또는 지침서가 아니기 때문입니다. 17세기 개혁파 정통주
의 신학이 상대적으로 덜 알려져 있는 한국의 상황에서는 이
점이 더욱 아쉬울 수밖에 없죠. 하인리히 헤페의『개혁파 정
통 교의학』(*Reformierte Dogmatik*)[3]의 경우, 17세기 신학자들의 글
을 추려서 주제별로 잘 정리한 선집이기는 하지만 17세기에
활동한 신학자들이 어떤 사람이며 어떤 저술을 했는지에 관
한 정보를 제공해주지 않습니다. 그리고 신학자들 각각의 개
인적인 특성에는 무엇이 있는가에 관해서도 다루지 않고 있
습니다. 게다가 지금으로부터 약 150년 전에 출판한 책이므
로 최근 연구서들에 대한 소개도 없습니다. 고신대학교 개혁
주의 학술원에서 펴낸『칼빈 이후의 개혁신학자들』[4] 같은 책
도 유용하고 17세기 개혁신학자들을 잘 소개하는 책이지만,
어떻게 17세기 개혁신학이라는 물고기를 낚을 것인가에 대한
교본은 아닙니다. 빌렘 반 에셀트의『개혁신학과 스콜라주의』
(*Introduction to Reformed Scholasticism*)[5]가 이러한 공백을 비교적 잘
메우고 있지만, 당시 신학자들의 실제 작품을 번역하여 소개
하는 부분이 빈약하고, 스콜라주의란 무엇인가에 대한 이론

적인 설명이 많이 들어가다 보니 각 신학자의 생애와 사상을 소개하는 부분이 오히려 간략해졌습니다. 그리고 그 책에서 더 깊은 연구를 위해 제시하는 도서목록에는 한국의 도서관에서는 구할 수 없는 책들이 다수 포함되어 있습니다.

이러한 아쉬움과 필요를 염두에 두고, 필자는 17세기를 대표하는 신학자들의 생애를 쉬운 말로 소개하고 그들의 작품 중에서 일부를 번역해서 독자들이 17세기 신학을 실제로 맛볼 수 있도록 기획했습니다. 이 책에 수록된 번역은 모두 제가 원전에서 직접 번역한 것들입니다. 또한 독자의 흥미를 돋우고 신학자들 각자의 상황과 배경을 조금이나마 실감하도록 필자가 유럽을 여행하면서 찍은 사진들과 수집한 정보들을 책에 수록했습니다. 부록에는 학술적인 내용을 원하는 독자들을 위해 17세기 신학을 개관하는 글을 실었고, 또한 더 깊은 공부를 위한 읽을거리 목록과 17세기 연대표도 실었습니다. 이 책이 17세기 신학에 대해서 관심을 가지고 탐구하는 일에 조금이나마 도움이 되기를 바랍니다.

저자 권경철

영국
런던
파리
프랑스
스페인

덜란드
독일
우트레흐트
헤르본
하이델베르크
취리히
스위스
제네바
이탈리아
기에

제1장
신학자들의 발자취를 따라서: 여정의 시작 프랑스 파리

신학자들의 발자취를 따라서: 여정의 시작 프랑스 파리

저는 17세기 신학자들의 흔적을 살피고자 파리로 향하는 비행기에 몸을 실었습니다. 파리는 이번 여행의 출발지입니다. 에펠탑이나 루브르 박물관, 몽마르트 언덕 등과 같은 유명 관광지에 가고 싶지만 짧게 시간을 내어 가는 여행이라 둘러볼 시간이 없었습니다. 짧은 여행 기간에 유럽 각지에 있는 신학자들의 유산을 추적해야하기 때문입니다.

저는 파리 드골 공항에 도착하자마자 바로 이번 여행의 첫 목적지인 파리 노트르담 성당으로 향했습니다. 성당은 생각했던 것보다 크지 않았습니다. 성당에 들어가니 누군가가 말하는 소리가 들렸습니다. 주위를 둘러보니 성당 앞쪽에서 미사가 진행되고 있었습니다. 그런데 미사에 참여하는 사람은 얼마 없고, 대부분 관광객들입니다. 사람도 없는 월요일 저녁에 관광객들을 위해 미사가 진행되고 있었습니다.

성당 내부에는 여러 개의 성상이 있었습니다. 그중에는 예수님이 십자가에 못 박힌 장면과 같이 성경의 내용을 조각으로 나타낸 것도 있었지만, 잔 다르크(Jeanne d'Arc, 1412–1431)를 성인으로 추앙하는 조각도 있었습니다. 종교적으로 이렇다 할 업적을 남기지 못한 잔 다르크가 영국과의 100년 전쟁에서 활약한 국민적인 영웅이라는 이유로 성인으로 추대 받는 것을 보면서, 로마 가톨릭이 프랑스의 토속 종교로서 얼마나 깊게 뿌리 내려왔는지를 느낄 수 있었습니다.

파리 노트르담 대성당과 그 안에 있는 잔 다르크 조각이 보여주듯이, 프랑스는 전통적으로 철저한 가톨릭 국가였습니다. 일반적으로 파리는 프랑스의 수도로서 옛날 왕정 시대부터 내려오는 오래된 건물이나 화려한 사치품 혹은 예술의 도시로 잘 알려져 있지만, 종교적인 관점에서 파리를 보면 그와는 전혀 다른 면모를 발견할 수 있습니다. 프랑스 왕실은 가톨릭 전통을 고수하면서 개신교를 박해했습니다. 개신교 신학자들에게 파리는 즐거움과 화려함의 도시가 아니라 많은 고통과 좌절을 안겨준 도시였습니다. 조직적인 박해 속에서도,

많은 개신교인들은 자신의 신앙을 버리기보다 피를 흘리는 것을 택했습니다.

우리가 첫 번째로 살펴볼 인물은 이 피의 산 증인입니다. 그는 바로 장 칼뱅(Jean Calvin) 이후의 프랑스를 대표하는 신학자요, 칼뱅의 뒤를 이어서 제네바 종교개혁을 이끈 테오도르 드 베즈(Théodore de Bèze, 1519–1605)입니다. 어떻게 제네바에서 활동한 사람이 프랑스 대표가 될 수 있는지 의문을 가지실 수도 있겠지만, 베즈가 프랑스 개신교회 대표로 왕실 종교회의에 참석한 적도 있고 평생 프랑스 개신교회에 지대한 영향을 끼쳤다는 점을 생각한다면 그를 프랑스 대표로 꼽지 않을 이유가 없습니다.

테오도르 드 베즈
(Théodore de Bèze)

베즈는 영어권에서는 흔히 베자(Beza)로 더 잘 알려져 있습니다. 우리나라 역시도 영어권의 영향을 받아서 베자라는 이름이 보편적으로 쓰이고 있습니다. 하지만 저는 프랑스에 왔으니 프랑스식으로 테오도르 드 베즈라고 부르고 싶습니다.

베즈는 1519년에 프랑스 부르고뉴(Bourgogne) 지방 베젤레(Vézelay)에서 태어났습니다. 베젤레는 수도인 파리에서 동남쪽으로 약 220km정도 떨어져 있는 곳입니다. 칼뱅과 같은 곳에서 태어나지는 않았지만, 베즈가 교육을 받은 배경을 살펴보면 칼뱅과 유사한 점이 너무나 많습니다. 일단 그는 프랑스 오를레앙(Orléans)과 부르주(Bourges) 등지의 학교를 다니면서 칼뱅을 가르쳤던 멜키오르 볼마(Melchior Wolmar) 교수에게 헬라어를 배웠습니다. 그뿐만 아니라 칼뱅이 그랬던 것처럼 젊을 때에 고전 문학에 지대한 관심을 가지고 그에 관련된 책을 처녀작으로 출간한 점도 닮았습니다. 또한 회심을 경험하고 프랑스를 떠나 개신교 종교개혁 신앙의 대변자가 된 것도 유사합니다.

프랑스 종교 역사에 대해서 공부를 하다보면 베즈가 프랑스를 떠날 수밖에 없었던 이유를 충분히 이해할 수 있습니다. 전통적으로 프랑스는 가톨릭 국가였습니다. 그런데 마르틴 루터의 종교개혁이 시작되면서 프랑스에도 종교개혁을 갈망하는 사람들이 생겨났습니다. 종교개혁을 지지한 사람들 중에는 고위직에 있는 사람들도 있었을 것입니다. 심지어 1534년에는 왕궁에까지 "가톨릭 미사는 우상숭배이므로 폐지하라"는 벽보가 붙었을 정도였으니까요. 그러다 보니 왕은 개신교 세력이 왕권에 위협이 된다고 느꼈고, 개신교를 더욱 박해했습니다. 결국 개신교 세력은 박해를 피해 망명길에 오를 수밖에 없었습니다. 그래서 선배였던 칼뱅이 망명을 떠났고, 헬라어 선생님 볼마도 독일로 피신했습니다.

이런 상황 속에서 베즈는 갈등할 수밖에 없었습니다. 볼마 선생의 영향을 받았던 그는 이미 종교개혁을 받아들이겠다는 서약을 했습니다. 하지만 종교개혁을 받아들인다는 것은 곧 프랑스에서의 출셋길이 막힌다는 것을 의미했기 때문에, 베즈는 자신의 서약을 이행하기를 주저하고 있었습니다. 또한 베즈는 약혼녀가 있었으면서도 수년간 공식적으로 결혼하지 않았습니다. 왜냐하면 결혼과 동시에 가톨릭교회의 후원금이 중단될까 염려했기 때문입니다. 자신의 이러한 이중성에 괴로워하던 베즈는 1548년 가을이 되자 결국 앓아눕게 되었고, 계속 이렇게 살다가는 하나님의 심판을 받을 것이라는 두려움을 가지게 되었습니다. 그래서 베즈는 어느 정도 몸이 회복되자 더 이상 성공에 대한 욕망 때문에 자신의 서원을 희생시키지 않기로 결심하고, 프랑스를 떠나 제네바로 갔습니다. 그곳에서 베즈는 본격적으로 종교개혁 신앙을 받아들이고, 아내와 공식적으로 결혼도 했습니다. 그러자 파리 국회는 베즈를 이단 혐의로 체포하고 그의 재산을 몰수한다는 판결을 내렸으니, 종교개혁 신앙으로 개종하면 박해를 받을 것이라는 베즈의 예측이 기우는 아니었던 셈입니다.

프랑스를 떠난 베즈는 1549년에 스위스 로잔(Lausanne)에서 헬라어를 가르치는 교수로 임용되었습니다. 이때부터 베즈는 프랑스 교회에 본격적인 영향력을 발휘하기 시작합니다. 일단 로잔에서 베즈는 시편을 프랑스어로 번역하는 작업을 시작했습니다. 시편의 번역은 1562년에 완료되었습니다. 그뿐만 아니라 베즈의 문하에서 프랑스 교회 사역자들이 다수 배출되었고, 그들은 프랑스에 종교개혁 신앙을 심었습니다. 또한 베즈는 칼뱅의 분부에 따라서 핍박 받는 프랑스 개신교도들을 외교적으로 돕기 위해 지금의 독일 지역에 있는 선제후들에게 사신으로 다녀오기도 했습니다. 비록 몸은 프랑스 밖에 있어도 베즈는 프랑스 교회를 잊지 않았습니다.

하지만 베즈는 로잔에서 큰 갈등을 겪게 됩니다. 로잔은 강력한 이웃인 베른(Bern)의 영향력 아래 있었는데 베른 정부는 직접 교회의 권징과 개혁을 관장하기를 원했습니다. 즉, 교회에서 품행이 나쁘고 잘못을 저지르는 사람이 있거나 교회가 잘못되었을 때, 그러한 사람 또는 교회에 대한 처벌 및 교정은 교회가 아니라 국가가 담당하길 원했습니다. 사실 이러한 태도는 마르틴 루터와 동시대에 스위스 취리히에서 종교개혁의 기치를 내걸었던 훌드리히 츠빙글리(Huldrych Zwingli, 1484-1531)의 의견과 크게 다르지 않았습니다. 츠빙글리는 취리히 시가 직접 종교개혁을 집행해야 하며, 자신의 역할은 그것에 대해서 자문을 제공하는 것이라고 생각했습니다. 그러나 베즈는 제네바처럼 교회의 사역자들이 권징권을 가지고 있어야 한다고 보았습니다. 종교개혁이나 죄를 지은 사람에 대한 상벌은 교회가 결정하는 것이지 국가가 간섭할 일이 아니라는 것입니다. 이에 반발한 베른의 위정자들은 베즈가 제네바와 내통한다고 의심했고, 여기에 한 술 더 떠서 로잔 사역자들이 예정론에 대해서 설교하는 것을 금지시키게 됩니다. 이에 반발한 베즈는 1558년에 교수직을 사임하고 제네바로 떠나오게 되었습니다. 그리하여 제네바에서 베즈는 칼뱅의 두터운 신임을 받게 되었고, 1559년부터는 제네바 아카데미에서 가르치면서 여생을 보내게 됩니다.

베즈는 제네바에 자리를 잡은 후에도 지속적으로 프랑스를 방문하면서 프랑스 개혁교회의 안녕과 발전을 도모했습니다. 그는 기회가 닿는 대로 위그노(Huguenot)라고도 불리는 프랑스 개신교 귀족들을 방문하면서 그들에게 신앙을 가르치고 그들을 결집시키기 위해 노력했습니다.

1561년에 개신교를 탄압하던 프랑수아 2세가 아직 어린 아들을 남기고 급작스럽게 세상을 떠났습니다. 그러자 미망인인 메디치 가문의 카트린(Catherine de Médicis) 왕비는 섭정을 시작했습니다. 사실 섭정 1순위 후보자는 카트린이 아니라 부르봉 가문의 앙투안(Antoine)이었는데, 그와 그의 아내는 독실한 위그노였습니다. 비록 카트린이 섭정인의 자리를 차지하기는 했지만 앙투안을 무시할 수는 없었습니다. 게다가 가톨릭의 후원자인 기즈(Guise) 가문이 강력했기 때문에 자신의 권력을 위해 그녀는 기즈 가문을 견제할 필요도 있었습니다. 카트린은 교황 클레멘트 7세의 조카딸이었지만 이런 정치적인 상황을 무시할 수는 없었습니다. 그래서 그녀는 위그노들을 자기편으로 만들기 위해 종교 회담을 소집합니다. 이것이 1561년에 열린 프와시(Poissy) 회담입니다.

베즈는 프와시 회담에서 프랑스 개혁교회의 입장을 대변했습니다. 하지만 결국 가톨릭 사제들을 설득하는 데 실패했습니다. 일단 예수회 등에 속한 가톨릭 사제들은 위그노들을 깎아내리면서 당시에 막바지에 있었던 가톨릭 종교회의, 즉 트렌트 공의회가 모든 신학논쟁을 결정해야 한다고 주장했습니다. 또 베즈는 베즈대로 로마 가톨릭의 성찬론을 강하게 비판했고 그로 인해 그들의 공분을 사게 되었습니다. 로마 가톨릭은 성찬식 때 받는 빵과 포도주는 문자 그대로 그리스도의 몸과 피로 변화된다고 믿습니다. 사제가 빵과 포도주를 들고 기도하고 그것이 예수님의 몸과 피라고 선언하면, 보기에는 빵과 포도주에 지나지 않는 음식이 예수님의 실제 몸과 피로 변한다는 것입니다. 그런데 베즈는 가톨릭 사제들의 이해가 잘못되었다고 말하면서 그리스도의 몸은 '하늘이 땅에서 먼 것처럼 빵과 포도주로부터 멀리 떠나 있다'고 꼬집었습니다. 이 말을 들은 가톨릭 사제들은 격분했고, 결국 프와시 회담은 서로의 입장 차이를 좁히지 못하고 결렬되었습니다.

하지만 그 후로도 카트린은 베즈가 파리에 남아 종교 협상을 계속하기를 원했습니다. 그래서 베즈는 왕실에 출입하면서 프랑스 위그노의 입장을 대변합니다. 일단 베즈는 핍박의 종결, 예배의 자유, 그리고 프랑스 교회를 개혁할 신실한 공의회의 소집 등을 왕실에 요구했습니다. 베즈의 건의로 위그노들은 잠시나마 어느 정도 자유를 얻게 되었습니다. 그리고 카트린은 개신교와 가톨릭의 합의를 이끌어 내기를 원했기 때문에 베즈에게 계속해서 가톨릭 대표들과 회의를 진행하라고 요구했고, 실제로 그 요구에 따라서 몇몇 온건 가톨릭교도들과 베즈가 따로 모여 회의를 진행하기도 했습니다. 하지만 그 회의는 어디까지나 왕실의 압력에 의해서 모인 것이었기 때문에, 위그노 측이든 가톨릭 측이든 그 누구도 만족할 수 없는, 따라서 실효성이 없는 공동 선언만을 내놓게 되었습니다.

계속해서 개신교 측과 가톨릭이 대립하게 되자, 카트린도 가톨릭의 후원자였던 기즈 가문과 스페인의 압력을 더 이상 무시할 수 없게 되었습니다.

결국 이러한 종교적·정치적인 갈등이 폭발하면서 프랑스는 1562년부터 내전에 휘말리게 됩니다. 사건의 발단은 기즈 대공이 예배하고 있는 위그노들을 습격하여 살해한 것이었습니다. 베즈는 이 때 위그노측 콩데의 루이(Louis de Condé)의 군대에 군목으로 참전했고, 전쟁이 끝난 1563년에야 제네바로 돌아갔습니다. 하지만 평화는 잠시뿐, 1567년과 1568년에 각각 제2차, 제3차 내전이 발발하게 됩니다. 전후 혼란스러운 가운데서도 베즈는 1571년에 님므 대회(Synod of Nîmes)에 회장 자격으로 참석했습니다. 님므 대회는 프랑스 개신교회가 다 모이는 국가 대회였고, 오늘날로 따지면 베즈는 프랑스 전국 개신교협의회의 총회장이었습니다. 그리고 1572년에도 베즈는 라로셸 대회(Synod of La Rochelle)에 참석하여 프랑스 개신교회에 지속적으로 영향력을 행사했습니다.

그러다가 1572년 나바르의 앙리(Henry de Navarre)와 카트린의 딸이 결혼할 때, 위그노의 지도자로서 왕실에 영향력을 발휘하고 있던 콜리니의 가스파르(Gaspard de Coligny)와 그 외의 수많은 위그노 지도자들이 죽임을 당한, 이른바 "성 바르톨로뮤 축일 대학살" 사건이 벌어집니다. 전승에 따르면, 이 대학살의 날에 너무 많은 위그노들이 죽임을 당한 나머지 파리 노트르담 성당 주변을 흐르는 세느 강이 피로 붉게 물들었다고 합니다. 충격을 받은 프랑스 위그노들은 자신들을 보호하기 위해 다시금 칼을 들었고, 이것이 바로 프랑스 가톨릭 세력과 개신교 세력 사이에 벌어진 네 번째 내전이었습니다.

비록 당시 베즈는 이 대학살의 현장에 없었지만, 성 바르톨로뮤 축일 대학살은 그에게도 상당한 충격과 공포로 다가왔을 것입니다. 일단 프랑스라는 강력한 이웃이 개신교를 잔혹하게 박해했다는 사실은 이웃 나라인 제네바가 다음 표적이 될 수도 있겠다는 두려움을 주기에 충분했습니다. 게다가 그 충격은 성 바르톨로뮤 축일 대학살을 피한 많은 위그노들이 제네바로 피난해서 대학살의 참상을 전해주었기 때문에 더 심했을 것입니다. 제네바는 위그노 피난민들을 받아들였고 그들을 구호하는 데 진력했습니다. 그리고 베즈는 피난민 중에서 유능한 사역자들과 신학자들이 임지를 찾을 수 있도록 주선해 주었는데, 그리하여 람베르 다뉴(Lambert Daneau)라는 저명한 프랑스 신학자가 제네바 아카데미에서 강의할 기회를 얻기도 했습니다.

베즈는 피난민들을 돌보았을 뿐 아니라 피난을 떠나지 않고 프랑스 왕실에 맞서 싸우기로 한 위그노들에 대한 지지를 선언하며 저항 운동의 이론적 기반을 마련하기도 했습니다. 베즈는 성 바르톨로뮤 축일 대학살 이후, 위그노들의 저항 운동은 폭압에 대한 정당한 항거라고 주장하는 서적을 출판했습니다. 이것이 바로 『신하들에 대한 위정자의 권한』(*Du droit des magistrats*)입니다. 칼뱅은 핍박을 받더라도 무기를 들고 저항해서는 안 된다고 가르쳤습니다. 칼뱅은 교회가 핍박에 맞서서 싸우기보다 그것을 견뎌내야 한다는 점을 강조하는 편이었고, 칼뱅 자신도 프랑스에서 핍박을 받았을 때 저항하지 않고 망명을 택했습니다. 취리히에서 종교개혁자 츠빙글리의 후계자로 일했던 불링거도 위그노들이 왕실과 싸우기보다 평화적으로 문제를 해결해야 한다고 생각하는 경향이 있었습니다. 하지만 베즈는 이 부분에서 선배 종교개혁자들의 의견을 그대로 따르지 않았습니다. 베즈에 따르면, 위정자들이 경건과 자비가 결여된 채 폭압적인 명령을 내리고 위세를 부린다면, 백성들은 그들에게 복종할 의무가 없습니다. 왕이 바른 신앙과 교회를 위협하는 경우 왕을 모시는 관료들이라도 왕에 맞서 싸움으로써 백성을 보호해야 합니다. 어쨌든 왕은 백성을 위하는 왕이어야 합니다.

베즈의 저항 사상은 그의 조언을 받은 영주 중 한 사람인 콩데의 앙리(Henri de Condé)가 1575년 프랑스 침략에 나서면서 현실화되었습니다. 그리고 이 침략으로 인해 제5차 내전이 발발했습니다. 이 전쟁은 이듬해인 1576년에 끝났습니다. 그리고 개신교도들이 파리를 제외한 어느 곳에서도 차별 당하지 않고 예배해도 좋다는 볼리우(Beaulieu) 칙령이 발표되고 합의가 체결되었습니다. 하지만 이 약속은 오래 지나지 않아 취소되었고, 종교 분쟁으로 인한 내전이 계속됩니다. 제6차 내전은 위그노들에게 불리하게 전개되었습니다. 제6차 내전 중에 알랑송(Alençon)과 담비유(Damville) 등의 지역 영주들은 개신교에 대한 지지를 철회했고, 이에 위그노 측은 별 수 없이 예배의 자유가 다소 제한되는 불리한 조건으로 1577년 강화 조약에 합의했습니다. 뒤이어 일어난 제7차 내전에서도 위그노 측은 승리하지 못했고, 전쟁의 장기화로 인한 사회 혼란과 도덕적 해이를 우려한 나바르의 앙리(Henri de Navarre)가 1580년에 휴전조약을 주선하면서 전쟁이 그치게 되었습니다. 그리고 기나긴 프랑스 종교 전쟁의 대미를 장식한 제8차 내전은 위그노의 보호자로 부상한 나바르의 앙리가 앙리 4세로 왕위에 즉위하고 가톨릭이든 개혁 신앙이든 모두 관용하겠다는 낭트(Nantes) 칙령을 1598년에 반포함으로써 끝나게 되었습니다. 베즈는 제7차 내전까지 나바르의 앙리를 그다지 신뢰하지 않았지만, 제8차 내전을 거치면서부터는 그의 열렬한 지지자가 되었습니다.

물론 베즈는 프랑스 내전 중에 프랑스에 항상 머물러 있지는 않았고, 주로 제네바에서 활동하면서 프랑스 위그노들과 개신교 영주들을 후방에서 지원하는 역할을 맡았습니다. 비록 후방 지원에 그쳤지만, 베즈의 제네바와 프랑스 교회는 순망치한의 관계였습니다. 프랑스 위그노들이 제6차에서 제8차 내전에 이르기까지 악전고투를 거듭할 동안 베즈와 제네바도 고전을 면치 못했습니다. 가톨릭과 예수회의 위협이야 늘 있어왔다고 하지만, 개신교도들끼리도 서로 마음이 하나가 되지 못하고 싸우는 현실은 베즈를 괴롭게 했습니다. 독일 루터파와 제네바가 성찬론을 놓고 의견의 일치를 보지 못하는 사이에 베즈의 건강은 눈에 띄게 악화되었고, 건강을 잃으면서 베즈는 논쟁적인 주제를 피하고 신약성경과 시편 연구에 매진했습니다. 게다가 위그노들이 전쟁으로 주춤하고 제네바가 독일 루터파들과 갈등을 겪는 사이, 칼뱅 시대 이전에 제네바를 식민 지배하던 사보이 공국은 제네바를 다시 점령하기 위한 틈을 노리고 있었습니다. 실제로 칼뱅이 생애 말기에 설립한 제네바의 고등 교육 기관, 소위 제네바 아카데미는 1586년 사보이의 제네바 봉쇄 때문에 존폐의 위기에 놓이기도 했습니다. 그로 인해 외국 학생이 올 수도 없고 재정은 바닥났으며 교수도 베즈만 남기고는 다 해고할 수밖에 없는 상황에 이르렀지만, 그래도 베즈는 일주일에 세 번씩 욥기를 강의하면서 끝까지 버텼습니다. 1587년에 역병이 돌면서 사보이의 포위가 일시적으로 풀렸지만, 사보이는 끝내 1589년에 제네바를 침공했고, 베즈와 제네바는 1593년에 전쟁이 마치기까지 사활을 걸고 싸울 수밖에 없었습니다.

이와 같은 어려움을 겪으면서도, 베즈는 제네바와 프랑스 개혁교회에 큰 족적을 남겼습니다. 당시 베즈는 프랑스 위그노를 대표해서 왕실과 협상도 했고, 총회장직도 역임했으며, 이후에는 앙리 4세의 종교 참모로서 조언을 아끼지 않았습니다. 베즈 덕분에 프랑스 위그노들은 앙리 4세 치하에서 종교적 자유를 누릴 수 있었습니다. 그리고 제네바가 개혁주의 전통을 고수하는 개신교 도시로 남게 되고, 제네바 아카데미가 칼뱅의 신학을 계승·발전시키는 곳이 된 것도 베즈 덕분입니다.

하지만 이 모든 공헌에도 불구하고, 베즈는 종종 17세기 신학을 망쳐 놓은 주범으로 매도당합니다. 베즈는 심심찮게 칼뱅의 "순수한" 신학을 이성주의적이고 사변적인 예정론 일변도의 불순한 체계로 바꿔놓았다는 혐의를 받고 있습니다. 하인리히 헤페의 책을 편집해서 출판한 비저(Bizer) 등과 같은 학자들이 이러한 시각을 견지해왔습니다. 하지만 이와 같은 가혹한 평가는 사실이 아닙니다. 일단 베즈의 신학을 예정론이라는 중심 교리 하나만으로 수렴시키는 것부터가 옳지 않습니다. 사실 베즈 같이 많은 저작을 남긴 사람의 신학을 단 하나의 교리로 단순화하는 것부터가 매우 무리한 일입니다. 예정론은 베즈 신학의 일부에 불과합니다. 베즈는 예정론에만 관심을 기울인 인물이 아니고, 신약성경 원문 연구에 관심을 가지고 신약성경 사본을 발견하여 출판했을 뿐 아니라 신약성경 전체를 주석한 주석가였습니다. 예를 들어, 그가 저술한 로마서 3:25에 관한 주석을 보면, "죄 사함" 혹은 "간과하심(π άρεσις)"이라는 단어를 예정론이 아니라 구속 역사와 연결시키고 있습니다. 베즈는 여기서 하나님의 계획과 작정, 그리고 예정에 의한 영원 전부터의 죄 사함에 대한 강조보다, 그리스도의 십자가 사건을 중심으로 한 구속 역사의 발전과 진행에 더 큰 관심을 보입니다. 그리스도의 십자가 전에 인류는 죄 가운데서 약해지고 있었으며, 하나님께서는 때가 되어 갈보리 십자가에서 죄를 청산하시기까지 죄 많은 인류를 참으시고 그들의 죄를 간과하셨습니다. 만약 베즈가 예정론 일변도로 자신의 신학을 재정립했다면, 그리스도 안에 있는 하나님의 자비하심이 구속 역사와 상관없이 동일하게 주어진다는 사실만을 강조해야 합니다. 물론 베즈는 그 사실을 부정하지 않습니다. 그러면서도 베즈는 구속 역사의 점진성과 발전성을 강조함으로써, 예정론만으로 그의 신학을 설명할 수 없다는 사실도 동시에 보여줍니다.

그리고 일각의 비판과는 달리, 베즈와 그의 후계자들(소위 개혁파 정통주의자 혹은 개신교 스콜라주의자라고 부르는 17세기 개혁파 신학자들)은 결코 교리에 성경을 끼워 맞추는 사람들이 되려고 하지 않았습니다. 베즈의 성경 주해는 특정 교리를 전제하고 그 교리를 뒷받침하기 위해서 성경 구절을 수집하는 방식이 아닙니다. 베즈는 성경 본문이 무엇이라고 말하는지를 누구 못지않게 진지하게 공부한 사람이었습니다. 베즈의 신약

성경 주석이 그 점을 잘 보여줍니다(신약성경 주석의 일부를 '원전 맛보기'에서 확인할 수 있습니다). 베즈의 성경 해석이 종교개혁자들의 성경 해석보다도 더 이성주의적이고 사변적이며 예정론 중심적이라고 할 만한 결정적인 증거도 없습니다. 예를 들어, 교회와 국가와의 관계, 특히 폭정에 항거하는 교회의 역할 등에 대한 베즈의 견해는 예정론과 직접적인 관계가 없습니다. 또한 앞에서 살펴보았듯이, 베즈의 저항 사상은 칼뱅의 사상을 답습한 것이 아닙니다. 일단 칼뱅은 베즈와 같이 적극적인 저항 사상을 주장한 적이 없습니다. 그렇다고 해서 칼뱅의 신학이 베즈의 그것보다 이성주의로부터 자유롭고 덜 사변적이며 더 순수하다고 주장할 수는 없는 노릇입니다. 그러므로 예정론이나 그 어떤 특정 교리가 베즈의 신학을 결정한 것이라고 하기는 어렵습니다. 오히려 종교개혁자들의 신학, 성경 주해, 시대의 상황 등이 종합적으로 작용하여 베즈의 신학 사상을 형성했다고 평가하는 것이 더 정확합니다. 결론적으로 베즈의 신학은 프랑스와 제네바, 더 나아가서는 유럽 각지에서 16세기와 17세기를 잇는 가교의 역할을 수행했고, 시대의 전환점에 서서 종교개혁자들의 신학을 다음 세기에 맞게 구체화시킴으로써 계승·발전시켰습니다.

테오도르 드 베즈, 권경철 역,
『우리 주 예수 그리스도의 신약 대부분에 대한 주석서』
(*Annotationes majores in Novum Dn. nostri Jesu Christi Testamentum*),
Geneva, 1594.

베즈는 저명한 성경주석가였습니다. 그에게 신약성경 본문과 그에 대한 해석을 제시하는 것은 매우 중요한 일이었습니다. 특별히 아래에 번역한 부분은 종교개혁과 그 이후를 잇는 징검다리 역할을 하고 있습니다. 종교개혁 당시에 이 본문은 믿음으로 의롭게 된다는 교리를 강조하기 위해서 사용되었습니다. 물론 베즈도 종교개혁과 궤를 같이 하지만, 거기에만 머무르지 않고 언약신학의 근간을 이루는 구속 역사의 점진성과 발전성에 대해서도 공히 강조하면서 후대에 있을 언약신학의 발전을 예고하는 듯한 인상을 줍니다.

로마서 3:21

"이제는." 율법으로부터 의를 얻을 수 없음을 증명함으로써, 바울은 그의 명제에 또 다른 구분을 소개한다. 하지만 동시에 율법이란 그리스도의 나타나심과 복음 선포의 실현을 구약의 비유적인 가르침과 선지자적 예언으로 준비시키는 것이기도 하다. 사도 바울은 여기에서 시편 97:6을 암시하는 것으로 보인다.

"율법 외에." 바울은 다시금 일련의 주장들을 나열한다. 군이 부연설명하지 않더라도 율법이라는 것이 보편적으로 알려지는 것처럼, 즉각적으로 하나님의 의는 모세에게 알려졌고 율법의 증거에 의해서 증명되었는데, 오리게네스가 이 점에 대해서 잘 주석하고 있다. 이렇게 보면 이 문제는 그다지 어렵지 않게 설명할 수 있다. 아우구스티누스가 "영과 문자에 대해서" 제9장에서 이 구절을 잘 다루고 설명한다. 하지만 사도가 "복음 안에서 율법 외에 나타난 의"라고 하지 않고, "이 의가 율법 외에 나타났다"고 말한 것을 눈여겨봐야 한다. 즉, 복음 안에서 (즉 모든 믿는 사람에게 구원을 주시는 하나님의 능력), 우리의 율법 준수를 통해서라는 방법이 아닌 다른 방법으로 어떻게 용서함을 받아서 구원에 이르는지가 우리에게 나타났다. 왜냐하면 사도는 보통 "율법 외에 의"라고 기록하지 않고, "율법 외에 한 의"라고 하기 때문이다. 야고보도 마찬가지로 "행위가 결여된 그러한 믿음은 죽은 것"이라고만 말했지 "행위 외에는 믿음이 죽은 것"이라고 하지는 않았다. 펠라기우스주의와 유사한 입장을 견지하는 궤변론자들이 이 구절을 오늘날 왜곡하고 있다. 마지막으로 앞에서 말한 율법이란 자연법인 동시에 모세 율법이기도 하다는 것을 더 부연설명하지 않아도 알게 되는데, 이 사실을 간과해서는 안 된다(왜냐하면 보통 결론은 선행하는 것들에 대해서 대답을 주는 것이기 때문이다). 그래서 뒤따라 나오는 구절들에서 율법이란 단어는 도덕 혹은 의식법으로 이해될 수 없고, 모세와 그 외에 선지자들이 기록한, 그리스도와 그분의 사역을 증거하는 글들을 지칭한다. 왜냐하면 보통 도덕법은 우리가 죄인임을 증명하고, 따라서 합당하지 않다는 것을 우리에게 알려주지만 이것을 그리스도에게 대입하는 것은 적절하지 않기 때문이다.

"하나님의 의." 앞에서 다룬 로마서 1:17을 보라. 이 절에서 바울은 또한 대답하기를 복음에서 하나님의 의가 확증된다고 한다. 1:18. 여기서 율법의 의는 무너지기 시작한다. 그리고 이 구절은 시편 98:2을 완전히 암시하고 있다.

"나타났으니." 그리스도께서 다시금 명백히 제시되었다. 복음이 도래할 때를 기다리고 있으며, 율법이 선포되고, 도덕이 분명해졌으며, 사람들은 치료자를 찾게 되었다. 그리고 그리스도께서는 의식들 가운데에서 예시되었으며, 특별한 선지자이신 그리스도에 대한 예언이 선포되었다.

　"**율법과 선지자들**." 이 증거들을 사도는 나열한다. 진실로 첫째 증거는 율법, 즉 창세기 15장에 나오는 아브라함의 역사에서 온다. 또 다른 증거는 바로 뒤에 나오는 시편 1편이다.

제2장
프랑스 파리에서
스위스 제네바로

프랑스 파리에서 스위스 제네바로

파리 노트르담 성당을 둘러보고 나서는 제네바로 향했습니다. 비행기로 제네바까지 1시간이 조금 넘게 걸렸습니다. 비행기를 타면서 파리에서 제네바로 가는 길이 이렇게 빠르고 편한데 옛날 칼뱅이나 베즈, 그리고 프랑스 위그노들은 얼마나 힘들게 피난을 갔을까 하는 생각이 들었습니다. 파리에서 제네바가 그렇게 가까운 거리는 아닙니다. 파리에서 제네바까지는 고속철도로 3-4시간 정도 걸립니다.

제네바는 작지만 국제연합(UN)과 같은 국제기구들이 있는 유명한 도시입니다. 지리적으로 제네바는 스위스의 서쪽에 위치하고 있으며 프랑스와 국경을 맞대고 있습니다. 제네바 사람들은 프랑스어를 쓰고 있고 제네바에서는 프랑스 문화를 쉽게 접할 수 있습니다.

〈제네바의 옛날 성벽자리에 종교개혁 400주년을 기념해서 종교개혁벽을 만들었습니다. 그런데 거기에 새겨져 있는 네 명의 종교개혁자, 즉 파렐, 칼뱅, 베즈, 녹스 중에서 영국 스코틀랜드 출신인 녹스만 빼고는 모두 프랑스 출신입니다.〉

저는 호텔에서 무료로 제공하는 제네바 노면전차 일일 자유이용권을 이용하여 칼뱅과 베즈 등이 활동했던 구시가지로 향했습니다. 먼저 제네바 구시가지에 있는 국립 고문서 도서관을 방문했습니다. 원래 이 고문서 도서관은 제네바 시의 탄약 창고로 사용되었다고 합니다. 그래서인지 옛날에 쓰던 대포가 마당에 있었습니다. 그리고 건물 벽에는 제네바의 역사를 간략히 묘사한 모자이크 작품들이 있었습니다. 이 고문서

도서관에는 16세기 종교개혁자 칼뱅이 제네바에 있을 당시의 기록은 물론이고, 그 이전과 그 이후의 기록들도 다수 보관되어 있습니다. 그리고 이곳 외에도 고문서 도서관 건물 하나가 더 있는데, 1900년 이전에 제네바에서 출판된 책과 문서들을 추가로 수용하고 보존하는 곳입니다. 필자와 같이 종교개혁과 그 이후 시대를 연구하는 사람에게는 오래된 고급 자료들을 많이 접할 수 있는 귀중한 곳입니다.

〈제네바 탄약창고 건물. 지금은 제네바 고문서 도서관으로 쓰이고 있다.〉

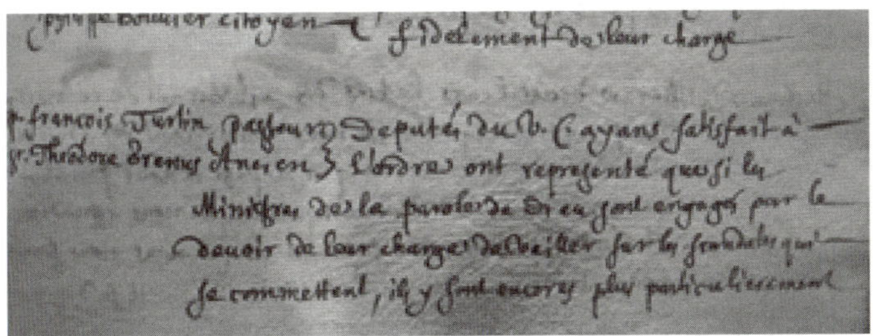

〈제네바 시민회의록의 일부〉

저는 미국에서 박사학위 논문을 쓰면서, 칼뱅과 베즈 이후 제네바 사회와 교회가 어떤 모습이었는지에 대해서 관심을 가지게 되었습니다. 그 이유는 제 박사학위 논문이 칼뱅보다 약 100년 뒤에 제네바에서 신학을 가르친 프랑수아 투레티니(François Turrettini, 1623–1687)에 대한 것이기 때문입니다. 칼뱅의 시대는 비교적 잘 알려져 있는 편이고 베즈만 해도 그나마 잘 알려져 있지만, 베즈가 죽은 이후 제네바 사회와 교회가 어떤 일들을 겪었는지에 대해서는 잘 알려져 있지 않습니다. 마음 같아서는 베즈 이후에 나온 모든 기록을 찬찬히 살펴보면 좋겠지만 그렇게 할 수 있는 여건이 안 돼서, 일단 투레티니의 말년에 해당하는 1686–1687년 제네바 시민회의 회의록을 보는 것으로 만족하고 성 베드로 성당과 종교개혁 박물관으로 발걸음을 옮겼습니다.

제네바 종교개혁 박물관은 성 베드로 성당 바로 옆에 위치하고 있습니다. 원래 성 베드로 성당은 종교개혁 시대 이전에는 가톨릭 예배당으로 쓰였지만, 종교개혁이 일어나면서 개신교 교회당으로 사용되게 됩니다. 그리고 바로 이 크고 웅장한 예배당에서 칼뱅을 위시한 제네바 사역자들이 설교를 하고 성찬을 집례하곤 했습니다. 반면 성당 옆에 있는 종교개혁 박물관은 성당에 비해서 굉장히 작습니다. 마치 가정집을 개조한 듯 아담한 박물관이었습니다. 그래도 구석구석 둘러보니 종교개혁의 역사를 잘 소개할 뿐 아니라 종교개혁 이후의 기독교 역사도 생각보다 많이 소개하고 있었습니다. 들어갈 때 프랑스어나 영어로 된 휴대용 안내 음성 기계를 주는데, 이 기계를 통해서 주요 전시물과 관련된 역사적 배경을 소개받았습니다. 다만 전시장 내부 사진 촬영은 금지되어 있어서 사진을 찍지 못했습니다. 이 박물관 안에는 한 가지 특별한 전시실이 있습니다. 그것은 바로 유명한 종교개혁 신학자들을 집으로 초대해서 식사를 한다고 가정하고 그들의 초상화와 함께 식탁 각 자리마다 식기와 명패를 설치해놓은 방입니다. 이 방에서 특히 제 눈에 띄는 초상화가 있었습니다. 바로 3대가 제네바에서 신학을 가르치며 종교개혁의 유산을 계승한 프랑수아 투레티니의 집안 사람들이었습니다. 프랑수아 투레티니의 아버지 베네딕트 투레티니(Benedict Turrettini, 1588-1631)는 제네바에서 신학 교수 생활을 했고, 프랑수아 투레티니 본인과 그의 아들 장 알퐁스 투레티니(Jean Alphonse Turrettini, 1671-1737)도 마찬가지로 제네바에서 신학을 가르쳤습니다.

칼뱅 이후에도 제네바가 칼뱅의 종교개혁 전통을 지키는

도시로 남을 수 있었던 이유는 종교개혁에 헌신한 투레티니가와 같은 집안들의 공이 컸기 때문입니다. 물론 앞에서 언급한 것처럼 제네바 종교개혁이 대대로 유지된 것은 일차적으로는 칼뱅의 후계자 베즈 덕분이었지만, 베즈 이후에도 우수한 제네바 신학자들이 계속해서 칼뱅과 베즈의 신학을 계승·발전시켰기 때문이기도 했습니다. 그리고 이러한 계승·발전의 중심에는 제네바의 교육 기관이며 현재 제네바 칼뱅 중고등학교(Collège de Calvin)와 제네바 대학교의 전신이라고 할 수 있는 제네바 아카데미가 있었습니다. 이 학교는 칼뱅에 의해 설립되었고 칼뱅 사후에는 베즈가 학교를 주도적으로 꾸려나갔습니다.

그리고 베즈의 후계자들이 계속해서 칼뱅의 종교개혁 신학을 계승하여 발전시켰고 나아가 그것을 전 유럽에 전파했습니다.

〈1559년 설립된 제네바 아카데미가 초창기에 사용하던 건물. 그림은 아카데미가 이미 근처 다른 건물로 이전한 후인 19세기의 모습입니다. 현재 이 건물은 칼뱅 중고등학교(Collège de Calvin) 건물로 사용되고 있습니다. ⓒ wiki commons〉

베즈의 뒤를 이어서 제네바 아카데미를 이끌어갔던 대표적인 신학자들은 지오반니 디오다티(Giovanni Diodati 혹은 Jean Diodati, 1576-1649)와 테오도르 트롱생(Théodore Tronchin, 1582-1657), 그리고 앞에서 언급했던 베네딕트 투레니티입니다. 이 신학자들은 칼뱅과 베즈 이후 제네바의 신학적 입장을 정립하고 대내외적으로 그것의 대변자가 되었습니다. 흥미로운 것은 이 셋 모두가 종교 난민 집안의 2세들이라는 점입니다. 트롱생 집안은 원래 프랑스 출신으로서 성 바르톨로뮤 축일 대학살 등과 같은 흉악한 사건을 겪으면서 제네바로 피신하게 되었고, 디오다티와 투레티니의 선친은 이탈리아 루카에서 핍박을 피해 제네바로 온 사람들이었습니다. 칼뱅과 베즈의 개신교 난민 수용 정책에 힘입어 제네바에 정착한 사람들의 후손들이 칼뱅과 베즈 사후에 제네바의 신학을 책임지게 되었습니다.

그리고 지오반니 디오다티와 테오도르 트롱생은 1618년부터 1619년까지 네덜란드 도르트레흐트(Dordrecht)에서 개최되었던 도르트 대회(Synod of Dordt)에 제네바 대표로 참가했습니다. 이 대회는 소위 개혁주의자라고 부르는 칼뱅의 후계자들이 유럽 각지에서 모여 하나님의 예정과 예수 그리스도의 속죄에 대해 성경이 무엇을 가르치고 있는가에 대해 의논하는 모임이었습니다. 한편 도르트 대회 이후에 남부 프랑스의 알레(Alès)라는 곳에서 프랑스 교회가 모임을 열어 도르트 대회를 받아들이기로 결의했는데, 여기에 제네바 대표로 베네딕트 투레티니가 참가했습니다.

그런데 트롱생과 투레티니 사이에는 또 하나의 공통점이 있습니다. 그것은 바로 그들의 후손이 둘 다 대를 이어 제네바 아카데미의 교수가 되었다는 것입니다. 트롱생 집안은 2대에 걸쳐 교수가 나오고, 투레티니 집안은 앞서 언급한 것처럼 3대에 걸쳐 교수를 배출했습니다. 테오도르 트롱생의 아들은 루이 트롱생(Louis Tronchin, 1629-1705)이었습니다. 투레티니 집안은 베네딕트 투레티니가 먼저 교수가 되고, 다음에는 프랑수아 투레티니, 그 다음 장 알퐁스 투레티니가 교수가 되었습니다. 그래서 이번에는 칼뱅과 베즈 이후 제네바 신학을 대표하는 투레티니 가문, 더 구체적으로는 투레티니 가문 신학자들 중에서도 정통신학의 대변자로 큰 명성을 얻은 프랑수아 투레티니에 대해 알아보려고 합니다.

프랑수아 투레티니

(François Turrettini)

프랑수아 투레티니는 제네바 이민 3세입니다. 그의 할아버지는 제네바로 이민을 왔습니다. 프랑수아 투레티니의 할아버지는 견직물 사업으로 성공한 사업가였고 베네딕트 투레티니에게 양질의 교육을 제공하여 신학자가 될 수 있도록 지원했습니다. 베네딕트 투레티니는 1611년부터 제네바에서 신학을 가르쳤고 신학과 관련된 일 외에도 제네바를 위해 많은 봉사를 했습니다. 당시 작은 도시국가에 지나지 않았던 제네바는 외부의 침략에 맞서서 도시를 방어하기 위하여 성벽을 보수할 필요가 있었습니다. 하지만 이 일을 위해서는 재정이 뒷받침되어야만 했습니다. 그래서 제네바는 베네딕트를 외국으로 보내어 성벽 보수를 위한 모금 운동을 요청했고, 베네딕트는 그 사명을 훌륭하게 완수했습니다.

그는 이러한 영웅적인 업적을 남겼지만 불행하게도 장수하지 못하고 프랑수아가 어렸을 때 세상을 떠났습니다. 그래서 프랑수아는 아버지 베네딕트에게서 신학을 배우지 못했지만, 다행히 베네딕트의 후계자로 제네바에 온 프레데릭 슈판하임(Frederic Spanheim)과 그 외 지오반니 디오다티 및 테오도르 트롱생과 같은 신학자들의 지도를 받게 됩니다. 제네바를 대표하는 훌륭한 신학자들 밑에서 1644년 공부를 마친 프랑수아 투레티니는 이후 약 4년의 시간 동안 네덜란드와 프랑스 각지를 다니며 유학 생활을 하다가 1648년에 제네바로 돌아와 그 이듬해부터 목회 사역을 시작했습니다. 그의 첫 임지는 제네바에 있는 이탈리아 이민자 교회였고, 그 다음은 프랑스 리옹(Lyon)에 있는 교회였습니다. 그러다가 1653년에 투레티니는 테오도르 트롱생의 후계자로 선출되어 제네바 아카데미에서 가르치게 됩니다.

아버지 베네딕트와 마찬가지로 프랑수아도 제네바를 위해 많은 수고를 했습니다. 그중 하나가 아버지 베네딕트가 했던 것처럼 외국에 가서 제네바 성벽 보수를 위한 기금을 마련해 오는 것이었습니다. 그 아버지에 그 아들이라는 말처럼 프랑수아는 당시 국력이 절정에 달했던 네덜란드에 가서 성공적인 모금 활동을 했고, 그 결과 제네바는 침략을 받지 않고 무사할 수 있었습니다.

하지만 그러한 안전은 일시적인 것이었습니다. 프랑수아 투레티니는 평생 제네바의 안보에 대해서 신경을 많이 썼습니다. 제네바는 작은 개신교 도시였고, 힘센 가톨릭 국가들에 둘러싸여 있었습니다. 종교개혁 이전에 제네바를 식민 지배했던 사보이 공국이 제네바를 되찾기 위해 호시탐탐 틈을 노리고 있었고, 프랑스라는 강력한 이웃도 제네바를 위협하고 있었습니다. 특히 1685년에는 소위 "태양왕" 루이 14세가 프랑스 내전을 종결시킨 앙리 4세의 낭트 칙령을 취소시키는 사태가 생기면서 생명과 재산에 위협을 느낀 프랑스 위그노들이 제네바로 피신하기도 했습니다. 이 같이 사보이 공국과 프랑스가 제네바를 점령하고 가톨릭으로 개종을 강요할 가능성이 높아지는 위기일발의 상황에서, 프랑수아 투레티니는 그의 저술 활동을 통해 개신교도들의 마음을 하나로 모으려고 시도합니다. 그래서 프랑수아 투레티니는 한편으로는 프랑스 위그노를 격려하는 설교집을 프랑스어로 출판하고, 다른 한편으로는 로마 가톨릭을 경계하는 저서를 출판하면서 개신교도들을 교육하고 단합시키려고 했습니다.

제네바를 위한 그의 이 모든 수고에 더하여, 프랑수아 투레티니는 다수의 신학 저서를 통해 그 당시의 신학을 후대에 잘 정리된 형태로 전수해 주었습니다. 총 세 권으로 이루어진 투레티니의 대표 저서 『논박신학강요』(부흥과개혁사에서 『변증신학강요』라는 제목으로 일부 역간)를 보면, 다양한 신학 논제에 대해 정통신학이 취해야 하는 입장과 그 이유를 논리적으로 잘 설명합니다. 예를 들어, 당시에 프랑스 서쪽에 위치한 소뮈르(Saumur)에서 가르치며 활동하던 신학자들이 제기한 의견들이 신학계를 뒤흔들어 놓은 적이 있었습니다. 그들 중에는 구약성경의 히브리어 모음의 정확성에 대해서 의심하던 루이 카펠(Louis Cappel)이라는 신학자도 있었고, 창세기 3장에서 아담이 타락했을 즉시 모든 인류가 죄인이 된다는 교리를 약화시키려 했던 조쉬에 들 라 플라스(Josué de la Place)라는 학자도 있었으며, 그리스도의 십자가는 하나님께서 구원하시기로 미리 선택된 사람들만을 위해서 준비하신 것이라는 네덜란드 도르트 대회(Synod of Dordt, 1618–1619)의 엄격한 결론을 좀 더 부드럽게 수정하려는 모아제 아미로(Moise Amyraut)라는 신학자도 있었습니다. 프랑수아 투레티니는 『논박신학강요』에서 주로 의견의 일치가 이루어지지 않는 부분들을 다루고 있습니다. 그러면서 먼저는 상대방의 의견을 회피하거나 왜곡하지 않고, 그들의 논점이 무엇이며 문제의 핵심이 무엇인지를 분석합니다. 그 다음에는 무엇이 오류이고 무엇이 진리인지를 성경과 신학 전통을 참조하면서 논증합니다. 왜 히브리어 성경의 모음을 의심할 필요가 없는지, 왜 아담의 죄가 우리에게 직접적으로 전가되었는지, 그리고 왜 도르트 대회의 입장이 옳은지에 대해 논증 혹은 변증합니다. 그리고 마지막 부분에서는 예상되는 반박 질문에 대해 대답하면서 추가적으로 언급할 것이 있으면 언급한 이후 그 주제에 대한 서술을 마무리하는 방식으로 자신의 논지를 전개합니다. 이런 방식으로 신학 전반에 걸친 주요 주제들을 백과사전식으로 대부분 다루고 있습니다.

이와 같이 프랑수아 투레티니는 그 당대의 신학을 체계적으로 정리했습니다. 그 때문에 그의 작품은 후대 신학자들에게 많은 칭송을 받았습니다. 미국 역사상 가장 위대한 신학자라고 하는 조나단 에드워즈(Jonathan Edwards)가 투레티니의 글을 읽고 "위대한 투레틴"(투레티니의 영어식 발음)이라고 했던 일화는 유명합니다. 그리고 19세기에 미국 프린스턴 신학교에서 오랫동안 가르쳤던 찰스 핫지(Charles Hodge)의 경우에는 투레티니의 책을 교과서로 사용했습니다. 그래서 베즈가 칼뱅의 종교개혁과 17세기 신학을 잇는 가교와 같은 인물이라면, 프랑수아 투레티니는 17세기 정통신학의 세계를 일목요연하게 잘 정리한, 소위 개신교 스콜라주의라고도 부르는 17세기 정통신학의 대명사와 같은 인물로서 후대에 적지 않은 영향을 끼쳤습니다.

그러나 역설적이게도 프랑수아 투레티니의 자녀인 장 알퐁스 투레티니는 아버지가 정리해 놓은 정통신학의 유산을 그대로 계승하지 않았습니다. 이것은 사실 프랑수아가 장 알퐁스가 성인이 되기까지 생존하지 못했기 때문일지도 모릅니다. 프랑수아는 소위 소뮈르(Saumur) 신학자들의 신학 사상을 반박하는 『스위스 일치 신조』(*Consensus Formula Helvetica*)라는 스위스 취리히의 신앙고백서를 제네바에 도입하는 데 일등공신이었습니다. 하지만 테오도르 트롱생의 아들 루이 트롱생과 그에 동조하는 신학자들은 소뮈르 학파의 사상에 열린 마음을 가지고 있었습니다. 그래도 프랑수아 투레티니의 영향력이 워낙 지대했으므로 생전에는 친 소뮈르 신학파들이 제네바에서 활개를 치지 못했으나, 프랑수아가 세상을 떠난 이후에는 소뮈르 신학이 제네바에 들어오는 것을 막을 수 없게 되었습니다. 더군다나 당시 인간의 이성을 매우 중시하는 데카르트의 철학이 유행하면서 제네바에도 데카르트의 철학에 물든 교수들이 들어오기 시작했습니다. 그리하여 어린 장 알퐁스 투레티니는 아버지의 소신과는 거리가 먼 신학을 배우게 되었고, 결국에는 제네바에서 아버지의 신학적 유산을 말살한 인물이 되었습니다.

그래서 오늘날 제네바는 장 알퐁스 투레티니는 알아도 프랑수아 투레티니에 대해서는 거의 알지 못합니다. 종교개혁 박물관에 있는 초상화 이외에는 제네바에서 프랑수아 투레티니에 관한 그 어떤 유적도 찾을 수 없었습니다. 그럼에도 그나마 종교개혁 박물관을 통해 제네바에서 투레티니 가문이 대대로 살던 집이 시청 옆에 있다는 정보를 입수하고, 저는 고문서 도서관 건너편 시청 근처를 돌아다녔습니다. 하지만 도저히 찾을 수가 없어서 시청 앞에 서 있던 사람들에게 문의했습니다. 그랬더니 돌아온 답은 프랑수아 투레티니가 누구인지, 그가 살던 집이 어디 있는지도 모르겠다는 것이었습니다. 17세기 제네바의 성벽 보수 공사를 위해서 불철주야 수고했던 베네딕트와 프랑수아 투레티니를 모르다니! 이것이 오늘날 제네바의 현주소라는 생각이 들었습니다.

비록 제네바는 투레티니를 잊어버렸지만, 그의 신학은 17세기 정통주의 신학의 대명사로 남아 있으며 앞으로도 그럴 것입니다. 비록 투레티니의 유적은 거의 남아 있지 않지만 그의 저서는 오늘 우리에게까지 잘 전달되었기 때문입니다. 그리고 투레티니의 저서는 오늘날까지도 우리의 신학을 안내해 주는 안내자의 역할을 충실히 감당하고 있습니다.

프랑수아 투레티니, 권경철 역,
『논박신학강요』(*Institutio theologiae elencticae*), vol 2, Geneva,
1682. 중에서 "독자에게 부치는 서문"(*praefatio ad lectorem*).

투레티니는 1679년 『논박신학강요』 제1권을 출판하면서, 헌정사와 함께 독자에게 부치는 서문을 작성했습니다. 그런데 1권에서 다루지 못했던 주제들을 모아서 1682년에 제2권을 출판하면서, 투레티니는 새로운 헌정사를 작성했고 독자에게 부치는 서문도 다시 새롭게 썼습니다. 그런데 2권 서문은 영어 번역본 *Institutes of Elenctic Theology*에 수록되지 않았기 때문에 많은 사람들이 그 존재에 대해서 모르고 있는 실정입니다. 그래서 필자는 제2권 서문의 일부를 라틴어 원전에서 한글로 번역해보았습니다.

독자에게 부치는 서문

순결한 독자 여러분, 우리의 신학강요의 논지에 대해서는 제1권에서 이미 충분히 확인하실 수 있으니, 그 작품에 딱히 추가할 것이 없을지도 모르겠습니다. 하지만 1권에서 아직 다루지 못한 채로 남겨져 있는 것들이나 더 설명해야 할 것들이 발견된다고 하더라도 놀랄 일은 아닙니다. 이 모든 관련 주제들에 대해서 많이 다루지 못한 것은 제 기도 및 기대와는 상반되는 것이었습니다. 그러다 보니 더 이상 기도만으로 끝나지 말고 출판해야겠다는 확신을 갖게 되었고, 저술할 마음이 생겼습니다. 그래서 손을 부지런히 놀려서 작품을 저술했고 불확실한 것이 없도록 했으며, 저의 계획과 방법이 박식한 분들을 실망시키지 않고 그분들이 저의 이러한 시도를 거부하지 않도록 했습니다. 신학이 지극히 방대한 밭이라면, 그중에서 논박할 쟁점은 곡식과도 같아서, 깊이 있는 서술을 대부분 생략하고 대강 언급만 하고 지나가지 않는 이상은 제가 아무리 많은 것을 포함시킨다고 할지라도 한 권의 분량으로 모두를 다 포괄하는 것이 불가능합니다. 그래서 심사숙고하다보니, 비록 힘이 들고 분량이 늘어나더라도 다시 두 권으로 책을 나누는 것이 유익하겠다는 판단을 내렸습니다. 단권으로는 이 문제를 해결할 수가 없고, 여러 권을 저술해야만 까다로운 질문들을 조금 더 길게 살펴볼 수 있고, 그래야 특별하고 근본적인 것들도 어느 정도 더 자세히 다루고 그에 내포된 문제들과 관련된 성경 구절들을 설명할 수도 있기 때문입니다. 그래서 본서 제2권에서는 율법, 은혜언약, 그리스도의 위격과 신분, 그리스도의 직무와 그 다양한 유익, 돌판에 친수로 새겨 주신 계명 등의 주제에 대해서 서술했습니다. 그리고 교회, 성례, 모든 것이 깨어질 종말의 도래 등과 같은 나머지 쟁점들을 제3권에서 다룸으로써 우리의 신학강요 체계가 완전하게 갖추어지게 됩니다. 그래서 하나님께서 생명과 힘을 허락해주기만 한다면, 이 작품이 부족했던 것을 보충해주고 유익을 끼칠 것이라고 자신 있게 약속드릴 수 있습니다.

그리하여 이제 하나님의 가호 아래, 신학 전반에 걸친 핵심을 담고 있는 이 작품을 공중 앞에 내놓게 되었는데, 독자께서 미래에 나올 책까지도 희망을 가지고 받아주시기를 바랍니다. 이 책은 우리의 특별한 소망과 위로의 근간을 이루고 있으며 근래에 대적들이 많은 노력을 기울여서 공격하려고 하는 것들, 소위 믿음의 핵심 내용들을 다루고 있습니다. 이 내용들에 대한 참된 설명이 독자가 보시기에 전혀 만족스럽지 않을 수도 있는데, 만약 그렇다면 미래에 나올 제3권도 똑같이 만족스럽지 않을 것이 분명합니다. 그럴 때에는 천사가 아닌 인간의 어두워진 이성과 머리로는 신비한 것들을 더 이상 정복할 수 없다는 것을 기억해 주십시오. 우리의 언어는 그것들을 표현하기에 둔하고, 그것들이 가르치는 바에 대해서 많이 무지하며 사악한 호기심이 많으니, 이럴 때에는 하나님께서

만 아시는 영역을 침범하는 만용과 신성모독을 범하지 말
고 가만히 있는 것이 더 낫습니다. 저는 박식함의 빛과 명
민성을 갈망하는 것에 대해서는 반대하지 않습니다만, 제
게는 이것만으로 충분하고 저의 이런 성실함과 정직함이
독자께도 유익이 되리라고 확신합니다. 제가 충심으로 증
거할 수 있는 것은, 저는 깨끗한 양심으로 이 책을 저술했
고, 모든 개인적인 더러움이나 시기와 악감정으로부터 멀
리 떠나 있으며[…] 나타내야 할 것을 숨기기에 부지런하
지 않았다는 것입니다. 경건에 대한 서로 다른 다양한 의
견들에 대해서는 항상 사랑을 가지고 다루었지만, 오류들
에 대한 전쟁을 선포할 경우에는 오류들을 확실하게 잘라
내고 그리스도의 율례에 따라서 기도하기를 멈추지 않았
습니다[…].

이어서 투레티니는 로마 가톨릭이 교황권을 높이고 교회 회의를 절대화 하는
것은 사도들과 초대교회의 가르침을 어기는 것이라고 강하게 비판하면서 이
서문을 마무리합니다.

제3장
제네바에서 취리히로

제네바에서 취리히로

제네바 구시가지에서 오전을 보내고 나서 서둘러 취리히로 이동했습니다. 취리히에서의 첫 번째 목적지는 취리히 중앙역 바로 건너편에 위치한 스위스 국립 박물관입니다. 스위스 역사와 문화를 공부하려면 한번쯤 가봐야 할 곳입니다. 박물관에 가서 그곳을 둘러보니, 역시 취리히의 역사는 종교개혁과 깊은 관련이 있다는 것을 느낄 수 있었습니다. 그곳에서는 특별히 2017년에 있었던 종교개혁 500주년 행사의 일환으로 취리히 종교개혁에 관한 아담한 전시회가 열리고 있었습니다. 취리히를 개신교 도시로 만든 사람은 루터와 쌍벽을 이루는 종교개혁자인 훌드리히 츠빙글리(Huldrych Zwingli, 1484-1531)와 그의 후계자 하인리히 불링거(Heinrich Bullinger, 1504-1575)입니다. 전시회에는 츠빙글리와 불링거가 저술한 책들뿐만 아니라 츠빙글리가 쓰던 칼, 그들이 살던 집의 역사 등이 전시되어 있었습니다.

〈훌드리히 츠빙글리〉

츠빙글리는 면벌부 판매를 반대하고 성직자의 결혼을 인정하는 등 여러모로 루터와 닮은꼴의 개혁을 진행했습니다. 하지만 츠빙글리의 개혁은 전체적으로 루터의 개혁보다 더 급진적이었습니다. 먼저 성찬론에 있어 츠빙글리는 그리스도가 상징적으로만 성찬식 빵과 포도주와 함께하신다고 생각했던 반면, 루터는 그리스도께서 실제로 빵과 포도주와 함께 하신다고 믿어야만 한다고 주장했습니다. 또한 츠빙글리는 교회 내에 소위 '거룩한' 조각들이나 장식들을 제거하고 교회 전통을 적극적으로 따르지 않았지만, 루터는 교회의 전통을 따르는 것에 상대적으로 관대했습니다.

〈하인리히 불링거〉

츠빙글리와 불링거가 밝힌 개혁의 횃불은 그들의 후학들에 의해서 계승되고 발전되었습니다. 그 후학 중에서도 우리가 살펴볼 주인공은 츠빙글리와 불링거의 후손, 요한 하인리히 하이데거(Johann Heinrich Heidegger, 1633–1698)입니다.

요한 하인리히 하이데거
(Johann Heinrich Heidegger)

하이데거는 츠빙글리와 불링거의 직계 자손이 아닙니다. 그리고 불링거 집안과는 아무런 혈연관계가 없습니다. 그럼에도 하이데거를 츠빙글리와 불링거의 자손으로 부르는 데는 다음과 같은 이유가 있습니다. 종교개혁의 선구자였던 츠빙글리는 가톨릭을 신봉하는 이들과 전투를 벌이다가 패하고 목숨을 잃었습니다. 그때 츠빙글리의 뒤를 이어서 취리히 종교개혁을 계속했던 사람이 불링거였습니다. 그리고 당시 츠빙글리에게는 부인과 어린 자식들이 있었는데, 츠빙글리가 전사하면서 미망인과 자녀들의 살 길이 막막해지게 되었습니다. 그래서 불링거가 츠빙글리의 미망인과 어린 자녀들의 후견인이 되어 자기 집에서 같이 살도록 해주었습니다.

그래서 사실상 츠빙글리의 후손이 불링거 집안에 입양되었습니다. 그런데 츠빙글리의 손녀 마가레타 츠빙글리(Margaretha Zwingli)가 하이데거 집안으로 시집을 와서 하르트만 하이데거(Hartmann Heidegger)를 낳았고, 하르트만이 요한 하인리히 하이데거의 아버지가 됩니다. 그래서 요한 하인리히 하이데거는 츠빙글리의 피가 4분의 1 정도 섞인 셈이고, 또한 츠빙글리 집안이 불링거에게 사실상 입양되었다는 점을 생각하면 불링거의 후손도 된다고 말할 수 있습니다.

요한 하인리히 하이데거의 아버지 하르트만은 목회자였고 경건한 사람이었습니다. 그리고 요한 하인리히 하이데거의 자서전에 따르면, 그의 어머니 역시 경건하고 겸손하면서 신실하고 검소한 여인이었다고 합니다. 하지만 아버지는 장수하지 못했고 어머니도 1647년에 세상을 떠났습니다. 비록 요한의 부모님은 요한이 본격적으로 신학 공부를 시작하는 것을 보지 못했지만, 부모님의 경건과 신앙은 틀림없이 요한에게 큰 영감을 주었음이 분명합니다.

요한 하인리히 하이데거가 받았던 교육을 살펴보면, 당시에도 중세 교육 제도의 영향이 큰 틀에서는 남아 있었지만 학문이 발전하고 종교개혁이 일어나면서 교육 과정이 다소 변화하고 있었음을 알 수 있습니다. 중세의 대학에서는 문법, 논리, 수사학 등 언어 교육을 기본으로 하고, 그에 더하여 산술, 기하, 음악, 천문학을 공부하도록 했습니다. 그리고 이 7가지 과목을 이수한 이후 박사과정을 밟는데, 이때는 보통 철학, 신학, 법학, 의학 중 하나를 전공합니다. 요한 하이데거는 오늘날 취리히 대학교의 전신인 취리히 학교(*Schola Tigurina*) 인문학부(*Collegium Humanitatis*)에서 1649년부터 언어학과 철학 등을 공부했습니다. 언어학 과목에서 요한은 그리스 로마 고전 문학을 공부하면서 라틴어와 헬라어를 익히고, 구약성경 연구에 필요한 동양 언어, 즉 히브리어와 갈대아어 등을 배웠습니다. 그러니까 중세의 용어대로 하면, 7가지 과목 중에서 언어 과목을 공부한 셈입니다. 그리고 요한 하이데거는 철학을 매우 열심히 공부했습니다. 실제로 그는 교양으로 철학을 조금 공부하는 것에 만족하지 않고, 1654년에는 철학 논문을 써서 학교에 제출하기도 했습니다. 그뿐 아니라 그는 논리와 수학, 의학, 신학과 교회 역사 등도 공부했습니다. 교회 역사를 따로 공부한다는 것은 역시나 종교개혁의 영향이라고 할 수 있겠습니다. 종교개혁이 역사적으로 정당하다는 것에 대해서 배우고 확신해야 할 필요가 있었으니까요. 그리고 이때 요한 하이데거는 저명한 신학자이며 후에 독일 하이델베르크 (Heidelberg) 대학교 교수를 역임하게 될 요한 하인리히 호팅어(Johann Heinrich Hottinger, 1620–1667) 밑에서 신학 교육을 받는 특권을 누리게 됩니다.

취리히에서 양질의 교육을 받은 후에, 그는 이어서 독일 중부에 위치한 마르부르크(Marburg), 그리고 독일 하이델베르크로 건너가서 견문을 넓히게 됩니다. 투레티니도 그랬지만, 당시 학생들은 본국에서 공부를 마치면 외국에 다니면서 유명한 학자들 밑에서 배우고 견문을 넓히곤 했는데, 요한 하이데거도 예외는 아니었습니다. 마르부르크에서 그는 요하네스 크로키우스(Johannes Crocius, 1590–1659)라는 신학자 밑에서 동양 언어 공부를 계속했고, 하이델베르크에서도 히브리어 지식을 더 갈고 닦았습니다, 흥미롭게도 그는 하이델베르크에서 옛 스승인 호팅어와 재회하고 그의 지도를 받기도 했습니다.

이처럼 깊이 있는 학문 연구를 하면서 하이델베르크에 머물던 요한 하이데거는 1659년부터 독일 북서부에 위치한 슈타인푸르트(Steinfurt)로 자리를 옮겨 교수 생활을 시작했습니다. 슈타인푸르트는 뮌스터에서 북서쪽으로 약 34km정도 떨어진 도시이고, 네덜란드에서 동쪽으로 130km정도 떨어진 곳에 위치하고 있습니다. 하이데거는 슈타인푸르트에서 신학과 교회사를 가르쳤으며 그곳에서 본격적으로 네덜란드 신학자들과 친분을 쌓기 시작합니다. 당시 네덜란드는 국력이 전성기에 있었고, 걸출한 신학자들도 많이 배출하는 등 그야말로 황금시대를 보내고 있었습니다. 하이데거는 특히 네덜란드 레이든에서 가르치던 요하네스 코케이우스(Johannes Cocceius, 1603-1669)에게 많은 영향을 받았습니다.

코케이우스에 대해서는 뒤에서 다시 살펴볼 것이기 때문에, 여기서는 그의 핵심 주장에 대해서만 간단히 설명하고자 합니다. 코케이우스는 그리스도의 십자가 이전에 받는 죄 용서와 의롭게 됨(칭의)과 그리스도의 십자가 이후에 받는 죄 용서와 의롭게 됨 사이에는 매우 크고 본질적인 차이가 있다고 보았습니다. 그는 그리스도의 십자가로 인해, 구약에서의 죄 용서와 칭의보다 신약의 죄 용서와 칭의가 완전하고 위대하다고 말합니다. 이 말은 구약 성도에게는 그리스도께서 간접적으로만 나타나셨고 미래의 구원에 대한 그분의 보증도 그때는 시간을 초월하여 절대적인 효력을 발휘하지는 못했다는 것을 의미했습니다. 이와 같이 십자가 사건이 일어나기 전,

아직은 불완전한 구원 보증을 일컬어서 피데유시오(*Fideiussio*)라고 합니다. 반면 그리스도가 직접적으로 나타나신 후에 살아가는 신약 성도들은 이미 이루어진 십자가 사건과 완전한 죄 사함의 혜택을 받고 있는데, 이러한 완전하고 절대적인 구원 보증을 가리켜서 엑스프로미시오(*Expromissio*)라고 합니다. 그리고 이 말은 신약의 성도들이 구약의 성도들보다 우월하다는 의미도 됩니다. 이러한 주장은 네덜란드를 위시하여 유럽 각지에서 많은 논란을 불러일으켰습니다. 하이데거의 경우 '원전 맛보기'에서 확인할 수 있는데, 그리스도의 구원 보증을 피데유시오(*Fideiussio*)라고 부르면서 코케이우스와 전체적으로 유사한 이야기를 하고 있습니다.

오랫동안 타지 생활을 하던 하이데거는 1665년 마침내 고향 취리히로 돌아옵니다. 고향에 돌아와서는 처음에는 철학을 가르쳤지만, 1667년에 먼저 취리히로 다시 돌아와 가르치던 스승 호팅어가 세상을 떠나면서 호팅어의 후임 신학 교수로 부임하게 됩니다. 이때부터 종신토록 하이데거는 취리히에 머물면서 교육과 저술 활동을 했습니다. 특히 하이데거는 개신교회가 서로 협력하여 로마 가톨릭에 대항하는 공동 전선을 펴기를 원했는데, 이 점에서 그는 투레티니와 유사합니다. 이 일을 위해 하이데거는 『교황권의 역사』라는 책을 저술하면서 교황권의 허황됨을 고발하려고 했고, 동유럽 헝가리 등지에서 취리히에 온 신학생들과 교회 지도자들을 자기 집에서 돌봐주면서 교육시키기도 했습니다.

하지만 무엇보다도 그의 신학적 기여로 가장 유명한 것은 1675년에 『스위스 일치 신조』(*Consensus Formula Helvetica*)를 저술한 것입니다. 이 신조는 프랑스 소뮈르 아카데미에서 가르쳤던 교수들의 신학 사상을 경계하는 내용으로 구성되어 있습니다. 소뮈르 학파의 신학 사상이 칼뱅의 신학 전통(개혁주의)을 따르는 신학자들 사이에서 많은 논란을 일으키자, 이 신조를 통해서 스위스 지방의 신학자들이 자신의 입장을 표명한 것입니다. 『스위스 일치 신조』는 취리히뿐만 아니라 스위스 베른에서도 받아들여졌고, 앞에서 언급했듯이 제네바에서도 프랑수아 투레티니의 영향력에 힘입어 공식적인 신앙고백으로 채택되었습니다. 하지만 제네바에서 그랬듯이 취리히에도 계몽주의 사상이 침투하면서 이 신조는 사람들의 기억 속에서 희미해졌고 하이데거의 이름도 묻혀버리게 되었습니다.

오늘날 취리히에서 하이데거의 이름을 아는 사람은 별로 없을 것입니다. 아니, 하이데거는 고사하고 츠빙글리도 잘 모르는 사람들이 많을 것입니다. 필자는 취리히 기차역에서 택시를 타고 츠빙글리와 불링거가 설교했던 그로스뮌스터 교회에 가는 길에 택시 기사에게 츠빙글리에 대해서 아는지 물어봤습니다. 대답은 "모른다"였습니다. 또한 필자는 인터넷을 통해 취리히 시가 종교개혁 500주년을 기념하면서 만든 영상을 시청한 적이 있는데, 그 영상에서는 종교개혁 신학에 대해서는 거의 다루지 않고 그저 종교개혁이 종교적 혁신을 이루어낸 것처럼 오늘날의 취리히는 과학과 문명의 혁신을 주도하고 있다는 것만 내세우고 있었습니다. 우리는 옛 것은 잊어버리고 그저 새 것만을 좋아하는 시대에 살고 있습니다. 하지만 우리는 기억해야 합니다. 종교개혁자들과 그들의 후계자들이 전파했던 그 예수 그리스도께서는 어제나 오늘이나 영원토록 동일하시다는 사실을 말입니다.

요하네스 하이데거, 권경철 역,
『기독교 신학 모음집』(*Corpus theologiae christianae*)**, vol 1, Zürich,**
1700, 380.

이 책은 하이데거 사후에 출판된 교리책입니다. 교리책인 만큼 신학 전반에 걸쳐서 다양한 주제들을 다루고 있습니다. 그런데 다양한 주제를 다루면서도, 하이데거는 언약신학의 아버지라고도 흔히 불리는 코케이우스의 영향을 크게 받았습니다. 아래의 글은 그 사실을 잘 보여주고 있습니다.

11번째 주제: 은혜 언약에 대하여

XXIV. 하나님으로 말미암은 그리스도의 보증은 엑스프로미시오(*expromissio*)보다는 피데유시오(*fidejussio*)로 보는 것이 더 타당하다. 어떤 사람들의 견해—보증한다는 것은 다른 사람의 의무를 대체 · 갱신하는 것이거나(이전에 있었던 의무가 새로운 사람에게 전해지는 것, 혹은 새로운 이에게 전가되는 것), 혹은 원래 빚진 이가 책임져야 할 것을 보증인이 짊어지고, 그럼으로써 원래의 빚진 사람을 자유케 하여 죄책을 더 이상 물을 수 없도록 하는 것이다—는 성립하지 않는다.

그들은 로마법을 참고하여 이러한 보증을 엑스프로미시오(*expromissio*)라고 부른다. 그들은 이렇게 생각하면서 그들의 판단을 즐긴다. 하지만 그러한 생각은 우리와는 맞지 않는다. 성경도 그렇게 말하지 않고, 신학자들이 이 주제에 대해서 말한 것도 그렇지 않다. 그리스도의 보증은 다름 아닌 피데유시오(*fidejussio*)이다. 그리스도께서는 빚진 이를 위하여 보증인이 되셔서 죄에 대한 순종의 속전을 지불하실 것을 확실히 약속하셨고, 그리스도의 죽으심은 구원에 이르게 하는 공로를 구성했는데, 그가 그의 죄 지은 자들(원래 빚진 이들)을 위해 죽으시기 이전에 그들을 자유케 하신 것이 아니다. 물론 그리스도께서 죽으시기 이전에라도 구원에 이르게 하는 그리스도의 공로의 효력은 똑같이 충분하다. 그리고 만약 그리스도의 보증을 효과적인 공로라고 여기지 않고 단지 미래의 일로만 여겨서 인간의 정죄 받을 죄가 더 이상 전가되는 것이 불가능하다면, 그것은 칭의 되는 믿음과 생명의 전가를 뒤엎는 것임이 분명하다. 하지만 이 같은 사실은 그리스도의 고난 받으심과 죽으심에 속죄가 달려있어서 그의 죽으심 이후에 죄 값이 치러졌다는 사실과 상충되지는 않는다. 그래서 그리스도 죽으심 이전에는 아직 속죄되지 않은 죄책이 아직 남아 있어서, 성경에서 "우리를 대적하는 의문에 쓴 증서"(골 2:14)라고 부르는 것과 그 죄책, 모형적인 제사 의식, 율법에 종노릇함 등이 있어서 사람들에게 아직 해결되지 못한 죄의 값으로 부여되게 되었으며, 그때에는 보증인을 고백하고 믿으면서도 생소한 빚이 괴롭히는 것을 증거하게 되었다. 왜냐하면 금전을 위한 인간 합의상의 보증과, 율법의 요구를 위한 그리스도의 신적인 보증은 다르기 때문이다. 인간 합의상으로는 보증인이 돈을 지불할 능력이 있다는 것이 빚진 이에게 확실해지고 피데유시오(*fidejussio*)가 그것에 동의를 하면 빚진 이에게 서류가 복구되는 일은 없다. 그래도 독촉을 당하지 않고 합의 사항이 사라지지도 않는다. 그러나 영적이고 신적인 합의는 금전을 위한 보증이 아니라 하나님의 거룩하심으로 말미암아 죄인을 거룩하게 하시기 위한 보증이다. 그 보증은 법정적인 칭의로 죄인의 죄를 용서하시는 것이며, 영생을 은혜로 주시는 것이다. 마찬가지로 그리스도의 복종하심과 죽으심은 빚을 해결해 주는 정도가 아니라, 값을 주고 사시는 것이다. 법정적 보증을 통해서 기업을 확보하시고, 그의 성령을 통하여 모든 죄인들을 그에게 연합시킬 한 연합된 몸을 확보하심으로써, 하나 된 그들이 형벌로부터만 자유케 될 것이 아니라 하나님의 의라고 성경에서 말씀하는 그 의로움을 얻고 칭의 되고 영생을 기업으로 얻도록 하신다. [하지만 제사장이 제물을 실제 바쳐야 죄 사함이 있는 것처럼, 그리스도의 제사장 직분도 그러하다. 그가 실제로 자신의 몸을 희생제사로 드려야 효력이 있다.]

제4장
스위스 취리히에서
독일 하이델베르크로

스위스 취리히에서 독일 하이델베르크로

취리히에서 잠시 스위스 종교개혁과 하이데거의 발자취를 살핀 후에, 필자는 취리히 중앙역에서 기차를 타고 독일 하이델베르크로 향했습니다. 저녁이 되어 하이델베르크에 도착한 저는 숙소에서 하룻밤을 묵고 호텔에서 제공하는 간단한 아침식사를 마친 후, 하이델베르크 구시가지를 구경했습니다. 투숙했던 숙소는 구시가지 한가운데 있기 때문에 어렵지 않게 산책하듯이 구시가지를 돌아볼 수 있었습니다. 필자는 먼저 하이델베르크 관광안내소에 들러서 어디에 무엇이 있는지에 대한 정보를 수집했습니다. 그리고 수집한 정보를 바탕으로 세 가지를 중점적으로 봐야 하겠다는 결론을 내렸습니다. 첫째, 구시가지에 있는 오래된 교회들을 살펴보고, 둘째, 오랜 역사와 명성을 가지고 있는 하이델베르크 대학교를 보고,

마지막으로 하이델베르크 성(Schloss Heidelberg)을 감상할 계획을 세웠습니다.

일단 관광안내소를 나서자 성령교회(Heiliggeistkirche)가 보였습니다. 이 교회는 하이델베르크의 중심교회입니다. 하이델베르크에서 종교개혁 신앙을 계승하고 발전시킨 사람들은 모두 이 교회와 인연이 있습니다. 관광안내소에서 구입한 자료에 따르면, 이 교회는 1398년부터 1441년까지 무려 40년이 넘는 공사 기간을 거쳐 건축되었다고 합니다. 하이델베르크는 팔츠(Pfalz)라는 지방의 대표적인 도시인데, 팔츠 지역의 선제후(소위 독일 황제를 뽑을 권한이 있는 지역 영주라는 뜻에서 선제후라고 합니다)가 세상을 떠나면 이 교회에 묻히고는 했습니다. 그리고 1623년까지는 팔츠 정부에서 운영하는 도서관이 이 교회에 위치하고 있었다고 합니다.

이와 같은 성령교회의 화려한 이력과는 다르게 내부는 상당히 단출합니다. 단출한 내부는 교회당 장식에 별로 개의치 않고 오직 성경 말씀이 바르게 선포되는 것에 초점을 맞춘 종교개혁자들의 정신을 반영하고 있는 듯 했습니다. 예배당 구석구석을 둘러보니 두 가지가 눈에 띄었습니다. 하나는 종교개혁 500주년(1517-2017)을 기념해서 입구에 세워 둔 장난감 루터 조형물이었고, 또 하나는 하이델베르크에서 1563년에 만든 교리문답책(보통 하이델베르크 요리문답이라고 부릅니다)을 기념하는 내용의 그림과 글이었습니다.

독일의 종교개혁자 마르틴 루터는 1517년에 면벌부의 판매와 남용을 비판하는 95개조 반박문을 발표했습니다. 그리고 그 이듬해에 루터는 자신의 신학을 공중 앞에서 다시금 제시할 기회를 얻게 됩니다. 바로 루터가 수도사로 소속되어 있던 아우구스티누스 수도회 모임이 1518년에 하이델베르크에서 있었는데, 거기에서 자기의 신학을 설명할 기회를 얻게 된 것입니다. 당시에는 하이델베르크에도 아우구스티누스 수도원 건물이 있었다고 합니다만, 오늘날에는 그 건물이 남아 있지 않습니다. 그래서 옛날 수도원이 있었던 자리에 루터가 왔다 갔다는 기념 동판을 새겨 놓았더군요.

〈시청 앞 광장에서 본 하이델베르크 성령교회〉

〈옛날 아우구스티누스 수도원 터에 새겨놓은 루터 기념 동판〉

그런데 이 동판이 새겨진 곳은 다름 아닌 하이델베르크 대학교 광장(Universitätplatz)입니다. 그리고 대학교 광장에 위치한 건물들이 바로 옛날 하이델베르크 대학교 건물들입니다. 현재 이곳에 남아 있는 건물들은 우리가 살펴볼 신학자들이 살았던 시대보다 이후에 지은 건물들입니다. 그래서 엄밀히 따지면 이 건물들이 우리와 그 신학자들의 사이를 잇는 가교 역할을 담당하기에는 부족합니다. 그래도 이곳에서 필자는 옛날 신학자들의 흔적을 조금이나마 간직하고 있는 장소를 발견할 수 있었습니다. 그곳은 바로 하이델베르크 대학교 역사박물관입니다.

박물관을 둘러보면 하이델베르크 대학교가 600년이 넘는 역사와 전통을 가진 대학으로서 독일 사회를 이끌어간 많은 인재들을 배출한 학교이며 다수의 노벨상 수상자를 동문으로 두고 있는 학교임을 볼 수 있습니다. 하지만 그런 것들보다 필자에게 중요한 것은 바로 루터의 종교개혁을 계승하고 발전시킨 하이델베르크 신학 교수들의 계보였습니다.

비록 루터가 하이델베르크에 들렀었지만, 하이델베르크의 종교개혁은 루터가 아니라 이 지방의 군주, 즉 팔츠의 선제후들이 주도했습니다. 1540년대와 1550년대에 활동했던 팔츠 선제후들이 루터의 종교개혁을 팔츠의 수도였던 하이델베르크에 적용하려고 시도하면서 비로소 하이델베르크에 종교개혁이 자리를 잡게 된 것입니다. 대표적으로 1558년에 선제후 오트하인리히(Ottheinrich)는 루터의 종교개혁신학 전통을 따르는 사람만이 하이델베르크 대학교 교수가 될 수 있도록 했습니다.

그런데 1559년에 오트하인리히(Ottheinrich)의 뒤를 이어 선제후가 된 프리드리히 3세(Friedrich III, 경건한 프리드리히라는 별명으로도 알려져 있습니다)는 루터 전통의 종교개혁만을 고수하지 않고 칼뱅 전통의 종교개혁으로 방향을 선회했습니다. 그리고 선제후의 영향력에 의해 종교개혁과 칼뱅 신학에 영향을 받은 사람들이 하이델베르크에 신학 교수로 부임하게 됩니다. 이때 부임한 교수들 중에서 대표적인 인물이 카스파르 올레비아누스(Caspar Olevianus, 1536–1587)와 자카리아스 우르시누스(Zacharias Ursinus, 1534–1583)입니다. 그리고 우르시누스와 올레비아누스 외에도 하이델베르크 대학교의 신학 교육에 관계하고 있었던 사람들이 함께 하이델베르크 요리문답을 작성했습니다. 하이델베르크 대학교 역사박물관은 이러한 역사에 대해 설명하고 있고, 학교에 많은 영향을 끼쳤던 군주들과 신학 교수들의 초상화들을 간략하게 진열해 놓고 있었습니다.

올레비아누스는 1536년 독일 서부에 위치한 트리어(Trier)라는 도시에서 태어났습니다. 그리고 그는 커가면서 프랑스 파리와 오를레앙, 그리고 부르주 등지에서 법학을 공부하면서 법률가로서의 소양을 쌓았을 뿐만 아니라 종교개혁 신앙과 신학을 접하게 되었습니다. 그런데 어느 날 프랑스 부르주에서 종교개혁

〈카스파르 올레비아누스〉

에 대해서 알고는 있었지만 어디까지나 법학자였던 올레비아누스가 신학을 공부하게 되는 사건이 일어납니다. 어느 날 그가 어떤 지체 높은 친구와 함께 배를 타고 강을 건너다가 배가 전복되면서 익사할 위기에 처했습니다. 물에 빠져서 죽게된 상황에서 올레비아누스는 하나님께서 그를 살려주시면 설교자가 되겠다는 서원 기도를 했습니다. 그런데 그때 친구의 하인들이 구조하러 와서는 올레비아누스가 주군인줄 생각하고 먼저 건져 올리는 바람에, 친구는 죽고 올레비아누스만 구조되었습니다. 구사일생으로 구출되어 고향 트리어로 돌아온 올레비아누스는 한동안 법률가의 길을 걷다가 얼마 후에 그 일을 그만 두고 스위스 제네바로 가서 칼뱅 밑에서 신학을 공부하게 됩니다. 칼뱅은 프랑스에서 올레비아누스와 같은 학교(파리, 오를레앙, 부르주)를 다니면서 법학을 공부한 적도 있었으므로 올레비아누스에게는 그야말로 최적의 신학 선생이었을 것입니다. 그리고 칼뱅에게 배운 이후에 그는 스위스 취리히로 가서 하인리히 불링거로부터도 가르침을 받게 됩니다.

그러다가 1559년에 올레비아누스는 고향 트리어로 돌아와서 설교자의 삶을 시작했습니다. 하지만 당시 트리어는 가톨릭이 강했고 군주가 종교개혁을 신봉하지 않았으므로 올레비아누스는 어려움을 겪습니다. 결국 올레비아누스는 트리어를 떠나 1561년에 하이델베르크에서 신학을 가르치는 교수로 임용됩니다. 이 때 교수 생활을 하면서 다른 이들과 힘을 합하여 만든 것이 바로 하이델베르크 요리문답입니다. 물론 올레비아누스가 하이델베르크에서 평생 머물렀던 것은 아니었고, 나중에는 독일 베를레부르크(Berleburg), 그리고 우리가 뒤에 살펴볼 독일 헤르본(Herborn)으로 갔지만, 그럼에도 그는 요리문답을 통해서 하이델베르크 역사에 길이 남을 위인이 되었습니다.

〈자카리아스 우르시누스〉

한편 하이델베르크 요리문답 작성에 크게 기여한 또 다른 인물인 우르시누스는 현재의 폴란드지역인 브로츠와프(Wroclaw 혹은 Breslau)에서 1534년에 태어났습니다. 그의 아버지는 루터파를 믿고 있었기 때문에, 그는 어려서부터 종교개혁 신앙과 신학을 접했고, 15세 때에는 루터의 도시 비텐베르크로 가서 루터의 동료이자 후계자였던 멜랑흐톤에게서 신학을 배웠습니다. 그뿐만 아니라 우르시누스는 스위스와 프랑스 등지를 다니며 하인리히 불링거, 페트루스 마르튀르 베르밀리(Petrus Martyr Vermingli), 그리고 칼뱅에게 사사를 받았습니다. 공부를 마친 후 우르시누스는 하이델베르크로 와서 1562년부터 본격적으로 하이델베르크 대학교에서 교수 생활을 시작했습니다. 후에 우르시누스도 하이델베르크를 떠나서 독일 노이슈타트(Neustadt)로 갔지만, 그래도 오늘날까지 하이델베르크 요리문답이 칼뱅의 신학 전통을 따르는 이들에게 큰 영향력을 발휘하면서 우르시누스는 사람들에게 하이델베르크의 신학자로 기억되고 있습니다.

하지만 여기서 우리가 살펴볼 신학자는 우르시누스와 올레비아누스가 아니라 그들보다 한 세대 다음에 하이델베르크에서 활동한 신학자입니다. 그는 우르시누스와 올레비아누스만큼 유명하지는 않고, 하이델베르크에서 평생 가르치지도 않았지만, 그래도 그들의 뒤를 이어서 하이델베르크에서 칼뱅의 신학 전통을 계승·발전시키다가 말년에는 네덜란드로 갔습니다. 그럼에도 저는 이 인물을 하이델베르크 대표로 꼽고 싶은데, 그는 바로 프란키스쿠스 유니우스(Franciscus Junius, 1545-1602)입니다.

프란키스쿠스 유니우스

(Franciscus Junius)

유니우스는 하이델베르크가 아닌 프랑스 부르주에서 태어났습니다. 하지만 그는 프랑스에서 활동하지 않고, 주로 하이델베르크와 (당시에는 한 나라였던 벨기에를 포함한) 네덜란드에서 활동했습니다. 유니우스는 평생 한 곳에서 오래 활동하지 못하고 자주 이사를 다녔습니다. 그럼에도 유니우스가 자신의 자서전에서 "제2의 고향인 팔츠"라고 쓴 것을 보면, 아무래도 그가 하이델베르크와 그 주변에서 보냈던 시간이 비교적 길고 안정적이었다고 판단됩니다.

어렸을 때 유니우스는 프랑스에 살면서 라틴어와 고전 문학 등의 기초 과목들을 공부했습니다. 이 시기는 유니우스가 신앙과 신학에 대해 아직 본격적인 관심을 쏟지 않을 때였습니다. 그렇다 보니 유니우스는 성적인 유혹을 포함하여 여러 가지 내면적인 유혹에 시달리곤 했습니다. 그러다가 어느 순간에 그는 하나님의 은혜로 회심을 경험했고, 그 이후 신학을 공부하기로 결심하고 1562년에 제네바로 갔습니다. 유니우스가 제네바에 갔을 당시에 칼뱅은 아직 살아 있었고, 칼뱅의 후계자 베즈도 제네바에서 가르치고 있었습니다. 이 때 맺은 사제지간의 인연이 계기가 되어, 유니우스는 베즈와 평생 교분을 가지게 됩니다.

비록 사제지간이기는 했지만, 베즈와 유니우스는 교회 일치와 연합에 관한 다소간의 견해 차이를 보이기도 했습니다. 베즈는 세월이 갈수록 로마 가톨릭 및 루터파와의 갈등을 많이 경험하면서 보편 교회를 건설할 수 있는 현실적인 가능성에 대해 회의적이었던 측면이 있었던 반면, 유니우스는 교단과 교파를 포괄하는 보편 교회를 건설할 가능성을 포기하지 않았습니다. 그는 로마 가톨릭을 강하게 비판하면서도 보편 교회 건설에 대한 희망을 아주 저버리지는 않았습니다.

어쨌든 제네바에서 경제적인 어려움을 겪으면서도 유익한 시간을 보내고 나서 공부를 무사히 마친 유니우스는 1565년에 안트베르펜에 있는 프랑스어권(벨기에 남부에 사는 프랑스어권 벨기에인들을 '왈롱'이라고도 부릅니다) 교회의 목회자로 부임하게 됩니다. 목회를 하면서 유니우스는 네덜란드 독립 운동에 협력했습니다. 당시에 네덜란드와 벨기에는 한 나라였고 에스파냐 왕의 지배 아래 있었습니다. 에스파냐 왕은 로마 가톨릭을 지지했기 때문에 네덜란드의 종교개혁 세력들을 탄압했습니다. 실제로 1561년에 네덜란드의 종교개혁자였던 귀도 드 브레(Guido de Brès)가 하이델베르크 요리문답과 함께 칼뱅주의 혹은 개혁주의 전통의 표준 신앙고백 중에서 하나로 꼽히는 『네덜란드 신앙고백서』(*Confessio Belgica*)를 작성했다가 1567년에 체포되어 처형되기도 했습니다. 유니우스는 이런 상황 속에서도 네덜란드 신앙고백서를 받아들였고, 네덜란드의 종교개혁 세력이 로마 가톨릭 교회를 장식하고 있는 조각들과 미술품들을 파괴했을 때 그것을 옹호하기도 했습니다. 그러다가 에스파냐 정부가 유니우스를 요주의 인물로 지목하는 바람에 유니우스는 안트베르펜을 떠나 도피 생활을 하게 됩니다.

안트베르펜을 떠난 유니우스는 처음에는 네덜란드 남부에 있는 브레다(Breda)로 도망을 갔다가 1566년에 헨트(Gent)로 자리를 옮겼습니다. 하지만 헨트에서도 오래 머물지는 못하고 결국 프리드리히 3세 치하에 있었던 팔츠 지방으로 가게 됩니다. 당시에 팔츠의 수도인 하이델베르크에는 유니우스 외에도 프랑스어권에서 온 사람들(왈롱인)이 상당수 있었습니다. 선제후 프리드리히 3세의 환대와 왈롱인의 존재는 유니우스로 하여금 팔츠를 제2의 고향으로 여기도록 해주었습니다. 처음에 유니우스는 하이델베르크 근교에 있는 쇠나우(Schönau)에서 목회를 시작했습니다. 그러다가 1573년부터는 선제후 프리드리히 3세의 명을 받아 하이델베르크에서 구약성경을 라틴어로 재번역하는 일을 하게 됩니다.

1576년 프리드리히 3세가 세상을 떠나고, 그의 큰아들 루드비히 6세가 하이델베르크를 통치하게 되었는데, 루드비히 6세는 루터파를 지지하고 칼뱅 전통 혹은 개혁주의를 반대했습니다. 그리하여 개혁주의 성향을 가진 유니우스, 그리고 잔키우스 등과 같은 신학자들은 하이델베르크에 있기가 어렵게 되었습니다. 그때 루드비히의 동생이었던 요한 카시미르(John Casimir)가 그들에게 손을 내밀었고, 그리하여 잔키우스와 유니우스는 카시미르가 다스리던 노이슈타트(Neustadt) 지방으로 가서 활동하게 됩니다. 1578년에 카시미르는 대학을 건립했는데, 하이델베르크에서 가르치던 우르시누스와 잔키우스

뿐만 아니라 유니우스도 그 학교의 교수로 임명되었습니다. 그리고 1583년에 우르시누스가 세상을 떠나자 유니우스가 그의 장례를 집례하기도 했습니다.

우르시누스뿐만 아니라 하이델베르크를 다스리던 루드비히 6세도 1583년에 세상을 떠났습니다. 루드비히의 후계자는 그의 아들 프리드리히 4세(1574-1610)였습니다. 그런데 프리드리히 4세는 선제후로서 팔츠 지역을 다스리기에는 너무 어렸기 때문에, 그의 삼촌이자 루드비히 6세의 동생인 카시미르가 섭정을 하게 되었습니다. 섭정을 통해서 하이델베르크를 다스리게 된 카시미르는 1584년에 유니우스를 하이델베르크로 보내서 가르치게 했습니다. 그리하여 유니우스는 다시금 하이델베르크로 돌아가서 1592년까지 그곳에서 가르치게 됩니다. 그 후에 유니우스는 네덜란드 레이든(Leiden)으로 이주했고, 그곳에서 활발한 저술 활동을 하면서 여생을 보내다가 1602년에 흑사병에 걸려서 세상을 떠났습니다.

유니우스는 보통 그의 작품 『참된 신학이란 무엇인가』(부흥과개혁사 역간)를 통하여 신학이란 어떤 성질의 것이며 그 목적과 대상은 무엇인지를 체계적으로 규정한 신학자로 알려져 있습니다. 그런데 유니우스는 다른 무엇보다도 성경번역자였고 성경주석가였다는 사실을 놓치지 말아야 하겠습니다. '원전 맛보기'에서 우리가 살펴볼 글은 그의 깊이 있는 성경 해석을 잘 보여줍니다. 이 글은 성경에서 나타난 하나님의 언약(약속)의 역사에 대해서 다루고 있으며, 그렇게 함으로써 코케이우스나 그의 추종자들이 후에 하나님의 언약과 구원 역사의 발전을 중심으로 신학을 발전시킬 수 있도록 토대를 닦아 놓았다고 하겠습니다.

유니우스는 분명 하이델베르크의 자랑이지만 정작 하이델베르크 대학교 역사박물관에서 유니우스에 대한 내용을 보지 못한 채 필자는 하이델베르크 성으로 올라갔습니다. 그리고 하이델베르크 성에 도착했을 때 필자는 유니우스와 관련한 유적을 찾는 것이 사실상 불가능할 수밖에 없다는 것을 깨달았습니다. 사실 유니우스는 고사하고 우르시누스와 올레비아누스조차도 이름과 책만 남아 있지, 그들이 살았던 집과 가르쳤던 학교 건물 등은 남아 있지 않았습니다. 그 이유는 17세기 말에 팔츠 계승 전쟁(태양왕이자 야심가인 루이 14세 치하의 프랑스와, 프랑스에 대항하고 프랑스의 세력을 견제하기 위해서 뭉친 동맹국들 사이에 일어난 전쟁, 1688–1697)이 일어나면서 하이델베르크 구시가지가 초토화되었기 때문입니다. 지금 있는 건물들은 대부분 그 전쟁 이후에 재건축된 것들입니다. 우르시누스와 올레비아누스, 잔키우스, 그리고 유니우스가 선제후를 알현하기 위해서 드나들었을 하이델베르크 성과 그들의 활동 무대였던 하이델베르크 대학교 등도 큰 피해를 입었습니다. 그래도 하이델베르크 요리문답과 함께 유니우스의 신학은 오늘날까지도 살아남아서 우리에게 17세기 신학의 깊이를 보여 주고 있으니, 하이델베르크 신학자들과 유니우스는 죽어서도 믿음으로 말하고 있는 셈입니다.

〈부서진 채로 남아 있는 하이델베르크 성에서 바라본 하이델베르크 구시가지〉

프란키스쿠스 유니우스, 권경철 역,
『구약 교회에서의 하나님의 언약: 제2부』
(*De federe et testamento Dei in ecclesia Vetere: oratio secunda*),
Heidelberg, 1608, 23–24.

이 책에서 우리는 유니우스 언약신학의 한 단면을 볼 수 있습니다. 그의 언약신학은 진지한 성경 원문 번역과 분석에 힘입은 것이었고, 사변적이거나 이론적인 것이 아니었습니다. 그리고 유니우스의 성경주해에 근거한 언약신학은 후에 언약신학 발전에 큰 영향을 끼치게 됩니다.

[…] 언약(혹은 유언, *Testamentum*)은 히브리어로 베리트(*Berith*)라고 하고, 헬라어로는 디아테케(διαθήκη)라고 되어있다. 히브리어와 헬라어는 아주 다른 언어이지만, 이 단어들은 그 의미에 있어서 동의어라고 생각된다. 라틴어로 번역할 때도 이 둘을 같은 의미로 본다. […]

베리트라는 단어가 상호 간의 보증이나 상호 책임에 대한 합의 없이 일방적인 성격을 띠고 있다는 사실을 예시하는 구절들을 구약 성경에서 적지 않게 발견할 수 있다.

[…] 주님께서 노아에게 "내가 내 언약을 너희와 세웠으니 물이 모든 육체를 멸하는 홍수가 되지 아니할지라"고 말씀하신 것을 보면, 하나님께서 상호간의 조약이나 계약 비슷한 것과는 거리가 멀게도, 순전히 그리고 단순히 약속을 하신 것이 분명하다. 이것은⋯쉰테케(συνθηκη)⋯혹은 상호 계약을 가리키는 것이 될 수 없다. 이것은 에팡겔리아(επαγγελία), 즉 거저 주시는 약속인 것이다. 이와 유사하게, 아브라함의 자손에게 주신 약속도 상호간의 보증을 요구하지 않았고, 단지 하나님께서 눈에 보이는 보증의 표지를 통해서 그것을 확증하셨을 뿐이다. 모세가 "같은 날 여호와께서 아브람과 언약을 세우시고 말씀하시기를 이 땅을 너의 씨에게 주리라"고 한 것 등에서 이를 확인할 수 있다. 더 확실한 증거는 민수기에서 하나님께서 모세를 통하여 비느하스에게 말씀하신 것이다. "그러므로 말하라 내가 그에게 나의 평화의 언약을 주리니 그와 그 후손에게 영원한 제사장 직분의 언약이라." 그러니까 이것은 완전히 확립된 성질의 것이다. 우리가 이해하기로는 (우리의 해석에서 보듯이) 시편에서도 이러한 예들은 적지 않다.

왜냐하면 베리트라는 단어가 동사 바라흐(*Barah*)라는 동사에서 파생되었는데, 끝에 "헤(*He*)"를 통하여, 선택하거나 잘라낸다는 의미가 된다. 바르(*Bar*)라는 말은 아들을 선출한다는 것을 가리키고, 또 곡식을 가려내는 것을 가리기기도 한다. 비록 단어 자체는 서로 다르지만(즉 동음이의어이다–역자 주), 전자의 경우 A가 축약되면서 소리가 그렇게 나는 것이고, 후자의 경우는 발음이 원래 그렇다.

생략된 부분에서, 유니우스는 언약이라고 보통 번역되는 라틴어 포에두스(*Foedus*)보다는 테스타멘툼(언약 혹은 유언 *Testamentum*)이라는 말이 성경이 전달하고자 하는 의미에 더 부합한다고 주장합니다. 이것을 통해 유니우스가 하고 싶은 말은 다름이 아니라, 언약이란 우리와 하나님이 대등한 입장에서 체결하는 것이 아니라, 하나님의 은혜로 일방적으로 주시는 택함과 구원의 선물이라는 것입니다.

[…] 이상적인 상태에서의 율법은 가장 거룩한 법이며, 단순히 하나님께서 가지고 계시는 힘과 완력뿐인 것이 아니다. 마치 승리자 간에 서로 전리품을 공유하듯이, 하나님께서는 확실한 율법을 나타내실 뿐만 아니라, 그분 자신께서 율법에 매이시기라도 하는 것처럼 그리스도 안에서 택함 받은 이들과 연합하신다.

제5장
하이델베르크에서
헤르본으로

잘 모르지만 유명한 도시...
독일
bonn
Herborn
벨기에
Frankfrut
17세기 개혁신학
프로젝트
룩셈부르크
Heidelherg
프랑스
경로 : 하이델베르크(독일) >> 헤르본(독일)   이동거리 144 km (누적 9,908)

하이델베르크에서 헤르본으로

언덕 위에 세워진 하이델베르크 성을 탐방하고 내려와서 다음 목적지로 이동했습니다. 다음 목적지는 헤르본입니다. 헤르본은 작은 도시지만 역에 헤르본 관광 안내소가 있어서 도시를 소개하는 지도와 안내 자료를 구할 수 있었습니다. 그 자료는 매우 잘 설명되어 있고 내용이 알찼습니다. 덕분에 자료를 보며 헤매지 않고 편하게 헤르본 시내를 구경할 수 있었습니다. 안내에 따라 역에서 10분 정도 걸어갔더니 마을 중심지에 도착할 수 있었습니다.

비록 헤르본은 지방 소도시에 불과하지만 걸출한 신학자들이 이곳을 거쳐 갔습니다. 네덜란드 독립운동의 아버지 오란녜 공작 빌렘 1세(Willem van Oranje)와 그의 형제 요한 6세(Johann VI)는 1584년 헤르본에 개혁주의 계열(칼뱅 신학 전통)의 개신교 고등 교육 기관을 세웁니다. 앞에서 본 하이델베르크 요리문답의 공동 저자이자 하이델베르크에서 가르치던 저명한 신학자 올레비아누스가 이 학교에서 가르쳤습니다. 올레비아누스 외에도 구약성경 전권을 번역하고 주석한 요하네스 피스카토르(Johannes Piscator, 1546-1625)라는 성경학자가 헤르본 아카데미 초대 교수로서 종신토록 재직했습니다. 그리고 17세기에는 기독교 교육학자로 유명한 얀 아모스 코메니우스 (Jan Amos Comenius, 1592-1670)가 1611년부터 1613년까지 헤르본 아카데미에서 신학과 철학을 공부하기도 했습니다.

오늘날 헤르본 아카데미는 더 이상 존재하지 않지만, 필자는 이 학교의 흔적을 헤르본 곳곳에서 발견할 수 있었습니다. 일단 헤르본에서 가장 오래된 건물인 개신교회당에는 헤르본 아카데미에서 재직했던 주요 교수들의 기념비와 무덤이 있습니다. 그리고 헤르본 시내를 한 눈에 볼 수 있는 언덕 위에 1350년 건축된 헤르본 성이 있는데, 옛날에는 헤르본 아카데미에서 학교에 관계된 일로 사용했었고, 지금은 개신교 신학교가 세워져서 그곳에서 신학 수업을 하고 있습니다. 무엇보다도 오늘날까지 헤르본에는 옛날 헤르본 아카데미 교사가 남아 있어서 그곳을 박물관으로 활용하고 있습니다. 필자가 헤르본을 방문한 목적도 이 박물관에 들러서 옛날 신학자들의 발자취를 추적해보기 위한 것이었습니다. 이 박물관에서 필자는 이 장의 주인공을 만날 수 있었습니다. 그는 바로 코메니우스의 스승, 요한 하인리히 알스테드(Johann Heinrich Alsted, 1588-1638)입니다.

요한 하인리히 알스테드
(Johann Heinrich Alsted)

알스테드는 17세기 중부 독일, 더 나아가서는 중부 유럽을 대표하는 신학자 중에 한 사람입니다. 그는 1588년에 헤르본(Herborn) 근처에 있는 발러스바흐(Ballersbach)에서 태어났습니다. 헤르본과 발러스바흐는 현재 행정구역상 나사우(Nassau) 지방에 속해 있습니다.

알스테드는 이 사람이 신학자가 맞는가 하는 의문이 들 정도로 다양한 분야에 관심을 가지고 있었습니다. 고전 이교철학이나 문학, 논리, 의학, 법학, 수사학 등이야 다른 신학자들도 기본 과정으로 배우는 것이니 그렇다고 하지만, 교육학, 연금술, 천문학, 신비주의 종교학 등에 대한 그의 관심은 일반적인 개혁주의(칼뱅 전통) 계열 신학자 중에서는 흔치 않은 것이었습니다.

그러나 알스테드가 정통이 아니었다고 함부로 말할 수는 없습니다. 왜냐하면 그가 다방면에 관심을 가졌던 이유는 다른 무엇보다도 모든 학문 분야를 기독교적으로 개혁하겠다는 동기에서 나온 것이기 때문입니다. 그가 받았던 교육 배경을 살펴보면 우리는 신학을 중심으로 모든 학문 분야를 포괄적으로 다루겠다는 그의 야심을 어느 정도 추론할 수 있습니다. 그는 일단 1599년부터 헤르본에서 예비 과정에 속하는 고전 문학을 배우고, 그 후에는 철학을 배웠습니다. 1606년에는 헤르본에서 멀지 않은 독일 마르부르크(Marburg)에서 철학을 공부했고, 1607년에는 스위스 바젤(Basel)에서 수학과 신학을, 그리고 1608년에는 독일 하이델베르크에서 신학을 공부했습니다.

다방면에 걸친 공부를 마친 후에, 알스테드는 헤르본으로 돌아와 헤르본 아카데미에서 가르칩니다. 알스테드가 돌아올 당시에 헤르본 아카데미를 대표하는 신학자는 성경학자 요하네스 피스카토르였습니다. 그런데 피스카토르가 성경과 신학을 전담해서 가르쳤기 때문인지는 모르겠지만, 알스테드는 처음에는 신학 교수로 헤르본에 들어오지 못하고 철학을 가르치는 교수로 임용되었습니다.

알스테드가 처음부터 신학을 가르치지 못한 이유는 피스카토르가 건재하기 때문이기도 했지만, 다양한 학문 분야, 심지어는 이교 사상이나 연금술에 대해서도 낙관적으로 보았던 그의 견해로 인해 그의 신학의 정통성이 주변의 의심을 받았기 때문이라고 추측됩니다. 실제로 알스테드는 네덜란드 등지에서 교수로 와달라는 요청을 여러 번 받았는데, 그때마다 신학 교수 자리를 주겠다는 제안보다 철학 교수 자리에 대한 제안이 더 많았다고 합니다.

그런데 그가 1618-1619년 네덜란드에서 열린 도르트 대회(Synod of Dordrecht)에 참여하면서 신학계에서의 알스테드의 입지는 긍정적인 방향으로 변하게 됩니다. 도르트 대회에서 채택된『도르트 신조』는 네덜란드 신앙고백서 및 하이델베르크 요리문답과 함께 개혁주의 신학의 3대 핵심 문서로 꼽히는 신앙고백입니다. 도르트 대회는 야콥 아르미니우스(1560-1609)와 그의 신학 사상을 추종하는 이들을 정죄했습니다. 아르미니우스는 원래 베즈 밑에서 공부했지만 결국에는 하나님의 미리 정하신 계획을 사람이 거스를 수 없다는 개혁주의 신학의 가르침에 반기를 들었습니다. 아르미니우스와 그의 후계자들을 통해서 정리된 아르미니우스주의는 하나님의 계획과 작정을 인간의 자유로운 선택 능력 및 자유의지와 조화시키려고 했습니다. 오늘날에는 대개 감리교, 성결교, 그리고 순복음(오순절) 계열의 신학자들을 통해 아르미니우스주의가 보존·전파되고 있습니다. 반면 장로교(영국과 미국 쪽에서는 개혁주의 신학 전통을 따르는 교회들을 장로교회라고 하고, 유럽 대륙에서는 개혁교회라고 합니다) 교회들은 하나님의 은혜와 그분의 절대적인 계획을 강조하는 편입니다.

도르트 대회는 개혁주의 신학 전통의 입장에서 아르미니우스주의를 논박하는 신앙고백을 발표했습니다. 그 과정에서 도르트 대회는 대륙 각지에 흩어져서 활동하는 칼뱅의 신학적 후예들을 초청했습니다. 알스테드도 초청을 받았습니다. 알스테드가 도르트 대회에 초대받았고 도르트 대회가 재확인한 개혁주의 전통에 서 있다는 것이 사람들에게 알려지면서, 알스테드의 신학에 대한 의구심이 사라지고 그의 주가가 상승했습니다. 그 덕분에 알스테드는 헤르본에서 신학을 가르칠 수 있게 되었습니다.

하지만 기쁨도 잠시, 헤르본은 당시 독일을 휩쓸었던 참화를 피할 수 없었습니다. 바로 가톨릭과 개신교간에 30년 전쟁이 일어난 것입니다. 1618년에 보헤미아에서 시작된 전쟁이 독일로 퍼지면서 헤르본도 큰 피해를 입게 되고, 교수와 학생들은 각지로 흩어지고 말았습니다. 하지만 그 와중에도 알스테드는 헤르본 아카데미를 지키고 있었습니다. 네덜란드에서 교수로 오라는 제안도 받았지만 거절했습니다. 그러나 아무리 기다려도 아카데미의 정상적인 운영은 불가능했고, 종국에는 알스테드도 헤르본을 떠날 수밖에 없었습니다.

알스테드가 헤르본을 떠나서 향한 곳은 네덜란드나 스위스와 같은 개혁신학의 중심지가 아니라 상대적으로 변방이라고 할 수 있는 알바 이울리아(Alba Iulia), 즉 오늘날의 루마니아 지역이었습니다. 알스테드는 동유럽 지역에서 신학을 가르쳤고, 그의 영향력은 체코, 헝가리 등지에까지 미치게 되었습니다. 그리고 그의 문하에서 유명한 동유럽 신학자이자 교육학자인 코메니우스가 배출되었습니다.

다양한 학문 분야에 관심을 가지고 있었던 사람답게, 알스테드는 엄청난 다작가입니다. 다작이 가능했던 첫째 이유는 인쇄술이 발달했기 때문입니다. 당시 헤르본 아카데미 근처에는 코르빈이라는 출판업자가 있었고 헤르본 아카데미에서 나오는 책들을 출판하곤 했습니다. 둘째는 오늘날과는 다른 학문 방법 덕분입니다. 알스테드는 다른 사람들의 글들을 백과사전식으로 수집해서 출처를 제대로 표기하지 않고 자유롭게 자신의 책에 포함시켰습니다. 그의 작품을 직접 읽어보면 오늘날의 기준으로는 표절이라고 할 수밖에 없는 부분들이 많이 있습니다. 하지만 알스테드 당시에는 그렇게 책을 쓴다고 해도 연구 윤리에 어긋난다는 말을 듣지 않았을 것으로 보입니다. 왜냐하면 대부분의 신학자들이 그런 식으로 책을 냈기 때문입니다. 어쨌든 확실한 것은 알스테드는 다양한 사상을 백과사전식으로 수집하여 자신의 목적에 맞게 가공하는 일에 탁월한 재주를 가지고 있었다는 점입니다.

알스테드의 사상에서 특히 유명한 것은 그의 종말론입니다. 알스테드는 문자 그대로 천 년 간의 평화로운 시대가 역사 속에서 그리고 멀지 않은 미래에 이루어질 것이라고 믿었습니다. 그리고 자신의 주장을 세상의 학문과 성경을 통해서 증명하려고 했습니다. 그래서 그는 천문학을 중요하게 여겼습니다. 사실 멜랑흐톤 같은 일부 종교개혁자들도 천문, 즉 별자리를 보는 문제에 관심을 가지고 있었습니다. 그 이유는 점성술에 관심이 있어서가 아니라, 종말을 지시하는 징조가 하늘에 나타나리라 믿고 그것을 보려는 기대 때문이었습니다.

즉, 멜랑흐톤은 언제 로마 가톨릭이라는 대적이 무너지고 참된 교회가 건설될 것인지에 대해 알려주는 징조가 하늘에 나타날 것이라고 믿었으므로, 별자리를 공부하면서 로마 교회가 무너질 종말의 순간을 예측하고자 했던 것입니다. 알스테드도 이 점에서 멜랑흐톤과 다르지 않았습니다. 그는 하늘에서 나타나는 징조를 통해 천년왕국이라는 유토피아가 언제 도래할지를 예측하고 싶었습니다. 하지만 30년 전쟁이 터지는 등의 악재가 생기면서 그는 자신의 낙관적인 종말론을 다소 수정할 수밖에 없었습니다.

종말론뿐만 아니라 알스테드의 신학은 전체적으로 너무 낙관적이라는 단점이 있습니다. 그의 신학은 인간 이성과 전인격을 오염시키고 망쳐놓은 강력한 죄의 존재에 대해서 과소평가하는 듯한 인상을 주기도 합니다. 하지만 우리는 알스테드의 낙관론을 살피면서 모든 사상을 개혁하고자 했던 그의 바람을 읽을 수 있습니다. 특히나 요즘처럼 인간의 학문과 과학 기술을 신뢰하는 시대 속에서, 우리는 "모든 생각을 사로잡아 그리스도에게 복종"(고후 10:5)하려 했던 알스테드를 기억할 필요가 있습니다.

요한 하인리히 알스테드, 권경철 역,
『거룩한 신학의 방법론: 제6권』(*Methodus SS. Theologiae*).
Hanau, 1634.

먼저 이 책의 각 권에서 다루는 내용을 간추려 보았습니다. 필자가 번역한 것은 이중에서 제6권 청중신학의 일부분입니다. 번역된 부분을 읽다 보면, 알스테드의 신앙과 신학이 성경이나 교회와 거리가 멀고 그저 철학과 잡다한 이교 사상을 기독교와 혼합시켰을 뿐이라고 폄하될 수 없음을 알 수 있습니다.

I. 자연신학(서론, 신론, 창조, 섭리, 내세론)

II. 교리 문답 신학(십계명, 신학 용어 해설, 성례론, 주기도문)

III. 교리 신학 혹은 보편 신학 논제(성경론, 삼위일체론, 하나님의 속성과 사역, 천사론, 인죄론, 기독론, 교회론, 언약신학, 세례, 성찬, 칭의)

IV. 구원론 혹은 시험의 학교, 그리고 양심의 타락

V. 예언론 혹은 목회신학, 교회 수사학과 위인전(목사론)

VI. 청중신학

제6권 거룩한 신학: 공적으로 말함에 대한 신학

제1장 말씀을 듣는 이들이 가져야 하는 목적에 관해서

"예언신학은 청중론을 포함한다. 청중의 직무는 특별히 신중하게 다루어져야 한다. […] 청중의 목적은 3가지라고 하겠다. 1. 최종목적: 하나님의 영광 2. 중간목적: 교회의 행복 3. 말단 목적 혹은 근접 목적: 설교를 듣고, 이해한 것들을 청종하는 것. 이해한 선한 것들을 진실로 사랑하고, 악한 것들을 정말로 미워하는 것. 사랑하는 선한 것들에 대해서 진지하게 배우고 실천하며, 악한 것들은 정말로 피하는 것."

제2장 설교 전 청중의 직무.

"[…] 설교 전에는 성화가 요구된다. 이것[성화]은 촉진원인과 역할로 [나누어] 생각해 볼 수 있겠다. 성화의 촉진원인은 다음과 같다. 하나님의 명령, 필요, 혹은 그것의 숭고함, 약속 혹은 확실한 소망. 성화의 역할은 두 가지이다. 방해물을 제거하는 것과 준비이다. 방해물은 다음과 같다. 1. 어제 과음한 포도주 2. 땅의 일들에 대한 지나친 염려 3. 지혜로운 척을 하는 것, 집에 가서 성경과 책을 읽으면 된다고 스스로 설득하는 것 4. 사역자를 차별하는 것 5. 사역자를 미워하는 것 6. 육신의 안일. 준비는 1. 자신과 교회와 다른 청중들을 위해서 기도하는 것 2. 개인적으로 본문을 읽는 것 3. 다른 이들을 설교에 초대하는 것."

제3장 설교 중에 청중의 직무.

"설교 중에 청중의 직무는 네 가지이다. 1. 주의를 집중하여 설교를 듣는 것 2. 들은 것을 확실하게 인식하는 것 3. 감화된 인식을 지향하는 올바른 마음 4. 받은 것을 전 생애에 진지하게 적용하는 것"

제4장 설교 후에 청중의 직무.

"1. 되새김질 혹은 반복. 먼저는 개인적으로, 대충하지 말고 확실하게 하고, 둘째는 함께해서, 들은 것을 이해하도록 반복하고 기억에 새겨지도록 하라. 2. 질문. 목사님 혹은 다른 이들에게 답변해보라. 3. 삶을 고치기. 설교를 들은 사람 중에서 당신뿐만 아니라 다른 이들도 그렇게 하도록 하라."

제6장
독일 헤르본에서
네덜란드 우트레흐트로
Utrecht
네덜란드에서 가장 오래된 대학교가 있는 곳
독일
네덜란드
17세기 개혁신학
프로젝트
벨기에
Herborn
경로 : 헤르본(독일) >> 우트레흐트(네덜란드) 이동 거리 : 271 km (누적 10,179)

독일 헤르본에서 네덜란드 우트레흐트로

작지만 알찼던 헤르본 박물관 기행을 뒤로 하고, 저는 네덜란드 우트레흐트(Utrecht)로 가는 독일 고속전철(I.C.E.)에 올라 탔습니다. 우트레흐트 역에 도착해서 내렸더니 지금까지 방문한 나라들과는 또 다른 분위기가 느껴집니다.

우트레흐트에서 하룻밤을 묵고 다음 날 든든히 아침식사를 하고 채비를 갖춘 후에 본격적으로 우트레흐트를 둘러보았습니다. 우트레흐트 구시가지에서 가장 유명한 관광지는 돔 타워(Domtoren)입니다. 마치 프랑스 파리 에펠탑 위에 올라가면 파리 시내를 조감할 수 있듯이, 돔 타워 위에 올라가면 우트레흐트 시가지를 한눈에 볼 수 있습니다.

돔 타워 옆에는 돔 교회당(성당)이 있습니다. 타워나 교회당 모두 매우 오랜 역사를 자랑합니다. 현재 타워와 교회당

자리에 처음으로 교회당이 건축된 것은 주후 635년경이었다고 합니다. 물론 현재의 건물은 중세 시대에 재건축된 것이지만, 원래 가톨릭교회가 사용하던 성당이었던 이 건물은 1580년 네덜란드 종교개혁이 일어나면서 오늘날까지 개신교 교회당으로 사용되고 있습니다. 그리고 유서 깊은 탑과 교회당을 지나 계속 구시가지를 걷다보면, 네덜란드 교회 역사를 빛낸 신학자들을 다수 배출했던 우트레흐트 대학교(Universiteit Utrecht)에 다다르게 됩니다.

필자는 3명을 우트레흐트 대표로 꼽고 싶습니다. 그들은 바로 히스베르투스 푸치우스(Gisbertus Voetius, 1589-1676)와, 푸치우스 사후에 후계자로 지명된 두 사람, 페트루스 판 마스트리히트(Petrus van Mastricht, 1630-1706)와 멜키오르 레이데커(Melchior Leydekker, 1642-1721)입니다.

히스베르투스 푸치우스

(Gisbertus Voetius)

푸치우스는 17세기 네덜란드를 대표하는 신학자 중 한 사람입니다. 그는 우리가 뒤에서 살펴볼 네덜란드 최초의 대학, 즉 레이든(Leiden) 대학교에서 신학을 공부했습니다. 푸치우스 당시 레이든에는 아르미니우스(Arminius)가 있었고, 후에 도르트 대회에서 큰 영향력을 행사하여 아르미니우스주의자들을 몰아내는 데 혁혁한 공을 세운 프란키스쿠스 호마루스(Franciscus Gomarus)가 가르치고 있었습니다. 푸치우스는 호마루스에게서 히브리어를 배웠을 뿐만 아니라 아르미니우스주의를 거부해야 한다는 것도 배웠을 것입니다.

1611년에 레이든을 떠난 푸치우스는, 학교보다는 교회 쪽으로 먼저 자리를 잡게 됩니다. 그는 고향인 훼스든(Heusden)

과 그 외 각 지역에서 1634년까지 목회 사역을 감당했습니다. 그러다가 1618년에 남부 네덜란드를 대표하여 도르트 대회에 참석하기도 했습니다. 푸치우스가 젊은 나이에 도르트 대회에 대표로 파견된 것을 보면, 그가 주변으로부터 얼마나 많은 기대를 받고 있었는지 조금이나마 짐작할 수 있습니다. 그리고 푸치우스에 대한 세간의 기대는 푸치우스의 탁월한 학문성으로 인해서 더 커질 수밖에 없었을 것입니다. 목회로 바쁜 와중에서도 푸치우스는 학문을 연마하는 일을 게을리 하지 않았고, 아르미니우스주의와 로마 가톨릭 신학을 논박하는 일을 계속했습니다. 결국 그는 학문성을 인정받아 교수로 청빙을 받고 우트레흐트(Utrecht)로 가서 자신의 실력을 유감없이 발휘하게 됩니다.

우트레흐트로 자리를 옮긴 푸치우스는 학문과 경건을 조화시키려는 그의 이상을 실현하고자 노력했습니다. 하지만 그의 교수 생활이 순탄하기만 한 것은 아니었습니다. 그는 평생 많은 논쟁에 관여했습니다. 철학적으로는 인간 이성의 능력을 절대적으로 믿었던 데카르트, 그리고 신학적으로는 흐로닝엔(Groningen)에서 가르치던 마레시우스(Maresius)와 갈등을 겪었고, 후에는 언약신학의 아버지라고 불리는 코케이우스

〈사무엘 마레시우스〉

(Cocceius)와 미묘한 긴장 관계에 놓이기도 했습니다. 그리고 분리주의적이고 신비주의적인 경건을 추구했던 장 드 라바디(Jean de Labadie)와 그의 추종자들을 반대하는 과정에서 오랜 친구였던 안나 마리아 판 슈르만(Anna Maria van Schurman)과도 사이가 틀어졌습니다.

더욱이 푸치우스는 우트레흐트의 일부 위정자들과 사이가 좋지 못했습니다. 후에 위정자들은 푸치우스를 견제하기 위해서 코케이우스주의자인 프란츠 부어만(Franz Burman)을 우트레흐트 교수로 초빙하기도 했을 정도였습니다. 심지어 1672년에는 우트레흐트가 프랑스에 점령당하는 어려움도 겪었습니다. 하지만 다행히 프랑스는 이듬해에 철군했고, 푸치우스는 우트레흐트에서 몇 년 더 학장으로 봉직하다가 1676년에 세상을 떠났습니다.

푸치우스는 여러 권의 대작을 후세에 남겼습니다. 그의 신학사상을 알 수 있는 대표적인 작품은 『신학논쟁선집』(*Selectarum disputationum theologicarum*)입니다. 토요일 아침마다 푸치우스는 다양한 신학 주제를 놓고 토론을 했습니다. 이러한 토론을 기초로 한 이 책은 모두 다섯 권으로 구성되어 있습니다. 그 외에도 신학 교육에 대한 푸치우스의 생각을 알 수 있는『신학공부의 실행과 도서목록』(*Exercitia et bibliotheca studiosi theologiae*), 경건에 대한 그의 갈망을 보여주는『금욕 혹은 경건연습』(*Ta asketika sive exercitia pietatis*), 그리고 교회에 대한 그의 생각을 알 수 있는『교회정치』(*Politica ecclesiastica*) 등의 저서가 있습니다.

히스베르투스 푸치우스, 권경철 역,
『신학논쟁선집: 제5권』(electarum disputationum theologicarum),
Utrecht, 1669, 309–311

이 책은 매주 토요일에 있었던 푸치우스의 신학 강좌를 정리해서 출판한 책입니다. 이 책은 다양한 논쟁거리를 다루고 있습니다. 아래에 번역한 부분에서 푸치우스는 구약 성도들이 누렸던 구원과 신약성경에서의 구원은 본질상 같은 것이라고 함으로써, 소키누스주의자들이 신약과 구약을 엄격하게 분리하는 것에 대한 비판을 가합니다. 이렇게 신약과 구약의 연속성을 강조하는 푸치우스의 입장은 후에 신약과 구약의 불연속성을 강조했던 코케이우스의 그것과 충돌하게 되었습니다. 여기서 "주장"은 소키누스주의의 입장을 정리한 것이고, "답변"이 푸치우스의 입장입니다.

칭의 문제에 대해서/제 5부

답변: 스데반 에츠키, 헝가리 사츠마르 출신, 1665년 9월 30일

구약 모든 신자와 택자들에게 신약과 본질적으로 동일한, 그러므로 그리스도의 의가 믿음으로 말미암아 전가되는 칭의가 일어났다는 것을 여기서 증명하려고 한다. 이제 아래에서는 항론파와 소키누스주의의 논리를 고려해보면서 그들을 반박하고자 한다.

[309] 소키누스주의자들은 그리스도를 통한 죄 용서를 부인할 뿐만 아니라 구약 시대에 지식, 믿음, 그리고 영생에 대한 영적인 약속이 있었다는 것도 부정한다. 그래서 그들은 주장하기를 신약 시대에 와서야 마침내 복음의 약속이 본격적으로 알려졌다고 한다. […] (소키누스주의자들 작품을 실제로 인용하는 부분을 생략).

[311] 구약에서의 죄 용서를 부인하는 주장이 라코비안 교리문답 13장 제6문에 나온다.

I. 주장. 사도행전 13:38-39.

답변 1. 사도는 히브리서 10:1-3에서 상징적이고 모형적이고 성례적이고 그림자적인 면 없이, 중한 죄든 가벼운 죄든지 간에 의식법적 제사를 통하여서만 용서받은 것이 아니라고 가르친다. 그러므로 신자들은 그리스도께서 믿음으로 말미암아 죄를 용서해 주셨음을 받아들였다. 그래서 실제적이요, 공로적이요, 원형적인 그리스도의 희생제사로 말미암아 속죄된 것이다. 모세 율법 제사 그 자체로는…속죄나 용서가 없었다.

답변 2. 사도행전 13장에서 중한 죄와 가벼운 죄 사이에 구별을 두거나 모세의 율법제사로 그 죄들을 사함 받을 수 있다는 말이 없다. 포괄적이고 구별 없이 그리스도를 믿음으로 받아들임을 통해서 죄를 용서받는다고, 그러므로 의롭다 함을 받는다고 사도행전 13장은 말씀한다. 그것은 모세의 율법으로는 얻을 수 없는 것이었다. 히브리서 9:7에서는 그분이 속하려고 죽으신 죄에 대해서 아그노에마타(αγνοηματα)라고 부르는데, 이것을 이용하여 중한 죄는 제사와 속죄의 대상에서 제외되기라도 하는 것처럼 구별을 짓는 것도 인정할 수 없다.

II. 주장. 소키누스주의자들과 라코비안 교리문답은 히브리서 9:12을 이용한다. "그리스도는 자기 피로 본격적인 속죄를 하셔서 영원한 구속을 소개하시고 단번에 성소에 들어가셨다." (구약에서는 영원한 형벌이 옮겨지지 않고 속죄되지 않은 것처럼, 신약에서야 새 언약 영생이 있는 것처럼 말이다.)

III. 주장. 로마서 3:25에서 끌어온다.

페트루스 판 마스트리히트
(Petrus van Mastricht)

페트루스 판 마스트리히트(Petrus van Mastricht)는 1630년 퀼른에서 태어났습니다. 에스파냐의 위협 때문에 퀼른으로 피난을 오기는 했지만, 그의 집안은 전통적으로 네덜란드 개혁주의를 신봉하고 있었습니다. 마스트리히트는 자연스럽게 퀼른에 있는 네덜란드 개혁교회에서 성장했고, 1647년부터는 우트레흐트로 가서 푸치우스 밑에서 신학을 공부하게 됩니다.

1652년에서 1677년 사이에 마스트리히트는 독일 각지에서 활동했습니다. 특히 1667년부터는 프랑크푸르트에서 가르쳤고, 1670년에는 뒤스부르크(Duisburg)로 자리를 옮겨서 가르치게 되었습니다. 그러다가 푸치우스(Voetius)와 그의 동료 교수 에세니우스(Essenius)가 세상을 떠나자 우트레흐트는 그 후계자로 마스트리히트를 지명했습니다. 그리고 이 때 멜키오르 레이데커도 함께 우트레흐트도 오게 되었습니다. 그리하여 마스트리히트는 1677년부터 세상을 떠나는 1706년까지 우트레흐트에 머물게 되었습니다.

마스트리히트는 다리가 불편했던 장애인이었습니다. 게다가 그는 평생 독신으로 살았습니다. 하지만 그는 약한 육체와 외로운 환경 속에서도, 후대에 큰 영향을 끼치는 양서들을 남겼습니다. 그 양서들 중에서 그의 대표적인 저서가 바로『이론−실천 신학』(*Theoretico-practica theologia*)입니다. 이 책은 다른 신학 책들과는 달리, 모든 교리적 주제를 취급함에 있어 첫째는 성경 해석을 하고, 둘째는 성경 해석을 바탕으로 하여 교리를 추출하고, 셋째로는 그 교리에 대한 이견을 논박하는 변증을 하며, 마지막에는 확증된 가르침을 삶에 어떻게 적용할 것인가를 제시하는 방식을 택했습니다. 보통 교리책이라고 하면 그저 이론적인 신학만을 생각하기 쉬운데, 이 책은 성경의 가르침을 다방면으로 다룸으로써 그런 위험을 최소화하고 있습니다. 이러한 점 때문이었는지, 18세기 미국의 부흥 신학자로 유명한 조나단 에드워즈(Jonathan Edwards)는 이 책을 매우 높이 평가했고 모든 신학생들이 마스트리히트의 책을 읽었으면 좋겠다고 말했습니다. 『이론-실천 신학』은 1682년에 1권부터 4권이, 1687년에 5권부터 8권이 출판되었고, 1698년에는 수정증보판이자 최종판이 출간되었으며, 이 책의 일부를 '원전 맛보기'로 번역해 놓았습니다.

**페트루스 판 마스트리히트, 권경철 역,
『이론–실천 신학: 그리스도의 구속에 관하여』**
(*Theoretico–practica theologia: Liber quintus De redemptione Christ*),
Utrecht, 1715.

『이론–실천 신학』은 다양한 기독교 교리에 대해서 다루고 있는데, 필자가 아래에 번역한 부분은 코케이우스와 푸치우스 사이에 있었던 의견 차이에 대해서 다루는 부분입니다.

제1장 은혜언약에 관하여(*De foedere Gratiae*)

창세기 3:15. 내가 너로 여자와 원수가 되게 하고 너의 후손도 여자의 후손과 원수가 되게 하리니 여자의 후손은 네 머리를 상하게 할 것이요 너는 그의 발꿈치를 상하게 할 것이니라.

인류가 행위언약을 어기고 그 결과로 비참하게 된 후에 대해 이 책은 다음과 같이 말한다. 인류를 죄와 죽음의 상태에서 부활(회복)시켜서, 은혜와 생명의 상태로 올려놓으셨다고 말이다. 죄를 용서받는 것에는 두 부분이 있다.

구속, 그리고 구속의 적용이 그것이다. 관례적으로 이 각각의 것은 위반된 행위를 대신한 은혜언약이라고 알려져 있다. […]

주해부분

이 구절은 다들 인정하는 것처럼 그 효력이 계속되고 있는 선언으로서 미혹하는 자 곧 사탄이 멸망 받을 것에 대해서 말씀한다. 하지만 이 구절이 암시하는 것은 미혹을 받은 이에 대한 회복의 약속 정도가 아니라 은혜 언약의 모든 실제적이고 본질적인 것들을 암시하는 것이다[…](성경원어분석).

교리부분

그러므로 성부 하나님께서는 타락 직후에 인류를 비참함에서 회복시키시기 위하여 단지 약속만을 주신 것이 아니라, 은혜언약을 시작하셨다. […] (1) 하나님은 우리의 모든 구원을 주관하시는 분이다. (2) 하나님과 인류와의 사이에 자연언약이라는 가상적인 상태가 체결되었다. (3) 인류는 그 언약을 위반함으로써 비참함에 빠졌다. (4) 그래도 원수로부터 자유하게 할 중보자가 약속되었다. (5) 그

미래의 중보자는 여자의 후손이며, 그의 발꿈치가 상할 것이다. ⑥ 그의 애통, 즉 고난과 죽음을 통해서, 사탄의 모든 권세는 폐지된다. ⑦ 그의 백성들은 그의 성령을 통하여, 사탄의 마음, 그리고 그의 적개심에 맞서 싸울 것이다(중생, 회심, 성화). ⑧ 여자의 후손과 뱀의 후손 사이가 구별된다. 복음 전함을 통해서 믿음으로 부름 받고 선택 받은 이들은 그와 하나가 되어 칭의·양자·성화·영화와 같은 모든 구원의 혜택을 누린다. ⑨ 미래에 여자의 후손으로 구성될 교회는 뱀의 후손과 대립할 것이다. ⑩ 교회의 말씀사역을 통하여 약속된 회복이 이루어지고, 죄인들이 죄를 깨닫고 그곳으로 청함을 받아 고난으로써 뱀의 머리를 얻으신 중보자를 믿고 그의 혜택을 받아 누린다 [⋯].

변증부분

영원한 은혜 언약에서 성자의 보증은 피데유시오(*fidejussio*)인가 아니면 엑스프로미시오(*expromissio*)인가?

코케이우스주의자들은 예수님의 보증이 십자가 전에는 아직 절대적인 것이 아니었다고 생각하는 경향이 있었습니다(*fidejussio*). 반면 마스트리히트는 다른 푸치우스주의자들과 마찬가지로, 예수님의 십자가 사건 전이든 후든 시간과 관계없이 예수님의 보증은 항상 완벽하고 절대적이라고 했습니다 (*expromissio*).

실천부분

은혜언약에 대해서 생각하는 것은 우리를 경건하게 한다. […] 그리스도를 통하여 죄인이 회복되는 것은 에베소서 6:19에서 말씀하듯이, 복음의 비밀이다. […] 둘째, 그것은 하나님의 영광의 드러남을 찬미하는 것이다. […] 셋째, 언약을 받은 이들의 복됨에 대한 확신이다. […] 넷째, 우리가 행위언약 아래 있는지, 은혜언약 아래 있는지, 율법의 저주 아래 있는지, 혹은 복음의 혜택 아래 있는지 진지하게 되돌아보도록 한다.

멜키오르 레이데커

(Melchior Leydekker)

푸치우스의 후계자로서 마스트리히트와 함께 우트레흐트에서 가르친 레이데커는 네덜란드 남서부 제엘란트 주에 위치한 미델부르크(Middelburg) 출신입니다. 레이데커의 아버지는 네덜란드 남부에 위치한 미델부르크라는 지역 사회에서 영향력이 있는 인물이었습니다. 그리고 레이데커의 아버지야말로 일부 시의회 의원들의 청빙을 받아 새로운 목회자로 낙점된 코케이우스주의자 빌헬무스 몸마(Wilhelmus Momma)가 미델부르크에 오지 못하도록 왕에게 민원을 넣은 장본인이었습니다. 따라서 레이데커는 코케이우스 반대파에 서 있었던 아버지의 대를 이어서 코케이우스주의를 반대했습니다.

레이데커가 코케이우스주의에 반기를 들기는 했지만 사실

그는 코케이우스의 제자이기도 했습니다. 그는 우트레흐트에서 공부했을 뿐만 아니라 코케이우스가 가르치던 레이든에서도 공부했고 박사학위도 레이든에서 받았습니다. 그런데 그가 레이든에서 공부를 했음에도 코케이우스주의에 빠지지 않은 것은 푸치우스와 요하네스 호른벡(Johannes Hoornbeeck, 1617–1666)이라는 신학자 때문이었습니다. 레이데커는 우트레흐트에서 개혁신학자이며 경건을 추구하던 푸치우스를 만나서 지대한 영향을 받았고, 또한 레이든에서 푸치우스와 교분이 있었던 호른벡을 스승이라고 부르며 가까이 따랐습니다. 공교롭게도 푸치

〈요하네스 호른벡〉

우스는 코케이우스와 신학논쟁을 벌였고, 호른벡도 코케이우스와 안식일이 오늘날에 어느 정도까지 유효한지의 문제를 놓고 대립각을 세웠습니다. 그런 상황에서 레이데커는 자신의 아버지와 고향, 그리고 신학적 스승들의 가르침을 자연스럽게 따르게 되었고, 그 결과 코케이우스주의의 가장 열렬한 반대자가 되었습니다.

레이데커는 한때 미델부르크에서 약간 북쪽에 자리하고 있

고 같은 제엘란트 주에 속한 레네세(Renesse), 그리고 노르드벨(Noordwelle) 지방에서 목회했습니다. 그러다가 1676년에 푸치우스의 후계자로 우트레흐트 대학교 교수가 되었습니다. 당시 그의 교수 취임 강연 제목은 "사랑 안에서 진리를 추구함에 대한 연설"(*Oratio de sectanda veritate in amore*)이었는데, 제목만 보아도 당시 코케이우스파와의 치열했던 신학논쟁에 있어 적당히 타협점을 찾는 것이 아니라 진리를 밝혀내고 수호하고야 말겠다는 레이데커의 결심이 잘 드러납니다.

물론 레이데커가 코케이우스주의를 대적하는 일에만 모든 에너지를 쏟은 것은 아니었습니다. 레이데커는 푸치우스의 후계자답게 신학의 다방면에 능통했습니다. 그는 교리에 강점을 가지고 있었고, 구약 역사와 고고학에도 큰 관심을 가지고 저술 활동을 펼쳤습니다. 1677년에는 기독교 주요 교리를 다룬 『진리의 횃불』(*Fax veritatis*)이라는 저서를 출판했고, 1683년에는 신학이란 사변적이지 않고 실천적 측면이 강하다는 것을 강조한 『실천 신학의 핵심』(*Medulla theologiae practicae*)을, 1704년에는 『히브리 나라에 관하여』(*De republica Hebraeorum libri XII*) 열두 권을 펴내기도 했습니다.

그가 다방면에 많은 저작을 남겨서인지 최근 신론을 중심으로 레이데커에 대한 재발견이 이루어지고 있습니다. 하지만 역시 코케이우스주의 논박을 제외하고는 레이데커의 신학을 논할 수 없습니다. 그가 1679년 출판한 『진리의 힘』(*Vis veritatis*)은 현재 전해 내려오는 코케이우스주의 논박 작품들 중에서 단연 으뜸이라고 할 수 있습니다. 코케이우스주의자로서 우트레흐트에서 가르쳤던 프란츠 부어만(Franz Burman)이 세상을 떠날 때 레이데커의 작품을 칭찬했다는 일화는 유명합니다. 하지만 레이데커의 바람과는 달리 코케이우스주의는 쉽게 사라지지 않았습니다. 그리고 1700년대 초반에 이르러서 코케이우스 논쟁의 불씨가 되살아나게 되자, 레이데커는 『보증인이신 하나님 아들』(*Filius Dei Sponsor*)이라는 코케이우스주의를 논박하는 네덜란드어 서적을 내놓기도 했습니다. 이처럼 레이데커는 자기 일생을 바쳐 코케이우스주의애 대항한 신학자였다고 할 수 있습니다.

**멜키오르 레이데커, 권경철 역,
『진리의 힘』(*Vis veritatis*), Utrecht, 1679, a:73–74.**

이 책은 극단적인 코케이우스 학파를 논박하고, 푸치우스 학파의 입장을 구체적으로 변호하고 있는 작품입니다. 아래 본문에서 우리는 레이데커가 코케이우스 학파의 주장을 자세히 논박하는 일에 심혈을 기울이고 있음을 알 수 있습니다.

제2권 "은혜언약의 보증인과 보증",

논쟁 I. 구약에서 그리스도가 철저한 보증인(*expromissor*)이라고 생각될 수 없고 법률가들이 정의하는대로의 일부만 보증하는 사람(*fidejussor*)이라고 생각되어야 하는 것이고, 따라서 그리스도의 보증은 구약에서는 일부보증(*fidejussio*)이며 철저보증(*expromissio*)이라고 볼 수 없는 것인가? 아니다!

[…] 코케이우스는 이후 네덜란드 교회에서 그리스도 보증의 성질과 효능에 대해서 말했다. 형체가 불분명한 이 논쟁은 다른 것이 아니라, 구약 성도의 의롭다함을 받

음(칭의)에 관한 것이었다. 코케이우스는 구약 성도들에게
는 죄를 간과하심(πάρεσις)이 허락되었을 뿐이고 우리에
게는 완전한 죄용서(αφεσις)가 주어졌다는 것을 조심스럽
게 주장했다. 이 문제에 관하여 격한 논쟁들이 오갔지만
어떤 익명의 작가 양반(*Vir Doctus*)이, 모든 후속 논의들과
질문을 법률가들의 정의를 통해 한 마디로 정리하게 되었
다. 그는 우리 편 사람들(푸치우스주의자들—역자 주)을 비판하
는 소책자를 써서, 그들이 논쟁의 상태를 잘 이해하지도
못하고 코케이우스의 죄 간과하심(πάρεσις)을 대적하다시
피 함으로써 분위기를 해쳐놓았으며, 있지도 않은 문제를
만들어내어 전투를 벌이고 있다고 했다. 우리들은 심각한
죄를 짓도록 유도하는 죄인들, 즉 신약의 은혜를 감소시
키고 구주 예수 그리스도의 피값을 깎아내리며, 구약 선
조들의 죄 사함보다 더 좋은 죄 사함을 누리는 신약의 복
된 시대에 하나님께 받은 완전한 죄용서(αφεσις)의 은혜에
대해서 감사할 줄 모르는 죄인들로 묘사되었다. 그리하여
그 작가는 우리에게는 구약 선조들을 괴롭게 했던 하나님
의 진노가 허락될 것이며, 하나님의 위엄 있는 공의에 따
라서 우리를 대적하는 의로운 판결이 내려질 것이라는 결
론을 내렸다. 맙소사! 논쟁의 상태를 드러내기 위해서 우

리는 그리스도의 보증에 대해서 그가 가르친 것을 다시 한 번 정리해보겠다. 1. 보증인 그리스도는 구약에서 엑스프로미소르(*expromissor*)라고 불릴 수 없다. 2. 구약에서 그리스도에게로 죄가 완전히 전가되었다는 것을 그는 부정한다. 3. 만약 그리스도께서 그의 보증의 직분을 포기하시고 속죄를 하지 않으셨다면, 하나님께서는 택함을 받은 자들에게 내리실 벌을 보관해 놓으셨다가 벌을 내리실 것이다. […]

［…］ 하지만 독자들께서는 구약 선조들이 죄를 간과하심만을 누리고 죄책 아래 구류되어 있다는 주장을 보면서, 그가 얼마나 빨리 오류로 달려가는 발을 가지고 있는지에 대해서 충분히 보셨을 것이다. 그리고 그가 그리스도의 보증의 성질에 대해서도 마찬가지로 선입견을 가지고 있다는 것을 보았을 것이다.

제7장
우트레흐트에서
레이든으로
Amsterdam
Leiden
Utrecht
네덜란드
17 세기 개혁신학
프로젝트
이동거리 : 44 km (누적 10,223)
경로 : 우트레흐트 >> 레이든(네덜란드)

우트레흐트에서 레이든으로

우트레흐트 대학교에서 신학자들의 흔적들을 조사한 뒤에, 필자는 우트레흐트 역으로 가서 기차에 몸을 싣고 암스테르담으로 갔습니다. 그리고 얼마 지나지 않아 암스테르담에 도착했습니다. 도착해서 밖에 나와 보니, 왜 네덜란드(낮은 땅)라는 이름이 붙었는지 금세 알 수 있었습니다. 기차역 바로 옆에 둑이 있고 물이 넘실거리고 있었습니다. 우리나라처럼 산이 많고 지대가 높은 나라에서는 희귀한 광경이 아닐 수 없습니다.

원래 필자의 목적지는 네덜란드 최초의 대학이 세워진 도시, 레이든(Leiden)이었습니다. 하지만 어차피 우트레흐트에서 레이든으로 가는 길에서 조금만 우회를 하면 암스테르담을 볼 수 있기 때문에 일부러 길을 약간 틀어서 잠시 암스테르담에 들렀습니다.

암스테르담은 색다른 박물관이 많은 것으로 유명합니다. 그중에서도 가장 유명한 곳은 필립스와 같은 네덜란드 대기업이 후원하는 암스테르담 국립미술관(Rijksmuseum)입니다. 하지만 필자가 방문했을 당시 국립미술관이 일시적으로 폐쇄 중이어서 방향을 틀어 17세기 네덜란드의 생활상을 묘사하는 미술작품 특별전시를 하고 있는 암스테르담 헐미티지 박물관(Hermitage Amsterdam)에 갔습니다.

17세기는 네덜란드의 전성기 혹은 황금시대라고 불립니다. 에스파냐으로부터 독립을 쟁취한 네덜란드의 국력은 이때 절정에 달했습니다. 그리고 이 황금시대는 네덜란드 신학의 전성기이기도 했습니다. 그러나 아쉽게 헐미티지 박물관에는 대부분 17세기의 생활상에 대한 것들만 있었고 신학과 직접적으로 관련된 작품들은 거의 없었습니다. 그래도 렘브란트와 같은 유명한 화가들의 그림을 직접 보면서 그 당시 시대상을 느낄 수 있었다는 것을 위안으로 삼고, 필자는 원래 목적지였던 레이든 대학교로 이동했습니다. 레이든 대학교는 네덜란드 독립운동을 이끌었던 오란녜 공 빌렘 1세가 세운 네덜란드 최초의 대학으로서, 오늘날까지 네덜란드 교회와 사회를 이끌어가는 인물들을 다수 배출한 학교입니다.

네덜란드가 에스파냐로부터 완전히 독립하고 전성기를 구가하던 17세기에 레이든에서 교수가 된다는 것은 큰 영예였습니다. 하지만 지금의 기준에서 보면, 레이든 대학교는 그다지 큰 학교가 아니었고 신학을 가르치는 교수는 기껏해야 3명 정도였습니다.

오늘 우리가 레이든 대표로 살펴볼 인물은 그 영예로운 레이든의 교수로 활동하면서 17세기 네덜란드 교회와 사회에 긍정적이든 부정적이든 한 획을 그은 인물입니다. 그는 바로 독일 브레멘 출신의 신학자, 요하네스 코케이우스(Johannes Cocceius, 1603-1669)입니다.

요하네스 코케이우스

(Johannes Cocceius)

사실 코케이우스를 레이든 대표라고 하는 것은 다소 무리한 일일 수도 있습니다. 레이든에서는 많은 위대한 신학자가 나왔기 때문입니다. 예를 들어, 도르트 대회에서 맹활약했던 호마루스도 있고, 도르트 대회의 결론을 바탕으로 아르미니우스주의에 물들지 않은 순수한 신학과 교리를 지키겠다는 포부를 가지고 교리 요약책 『순수신학통론』(*synopsis purioris theologiae*, 1625)을 집필한 4명의 레이든 신학자들(Walaeus, Polyander, Thysius, Rivetus)도 있습니다. 그리고 그 외에도 다수의 저명한 신학자들이 레이든을 거쳐 갔는데, 어떻게 레이든 출신도 아닌 코케이우스가 레이든을 대표할 수 있는지에 대한 의문이 드는 것은 어찌 보면 당연한 일일지도 모릅니다.

그럼에도 17세기 네덜란드 역사와 신학의 발전에 코케이우스가 끼친 영향은 위에서 언급된 어떤 신학자들과 비교해도 뒤떨어지지 않습니다. 성경에 하나님의 약속 혹은 "언약"이라는 단어가 많이 나오지만 그 단어를 체계적으로 정리해서 자신의 신학 체계에 편입시킨 사람들은 생각보다 많지 않습니다. 코케이우스는 바로 그것을 해냈습니다.

하나님께서는 천지를 창조하시기 전에 구원의 계획을 세우시고 그것을 하나님의 아들이신 예수님과 의논하셨으며(구속언약), 그 후에 처음 사람인 아담을 창조하시고, 하나님의 말씀을 순종하여 선악을 알게 하는 나무의 열매는 먹지 말 것을 조건으로 하는 일종의 조약을 아담과 체결하셨습니다(일명 행위언약 혹은 자연언약). 그러나 아담은 하나님의 말씀을 어겼고 그로 말미암아 사망이 왔으며, 아담과 더불어 모든 인류도 죽게 되었습니다. 이때 하나님께서는 예수님을 보내서 인류를 구원하시겠다는 약속을 하셨는데, 이것이 바로 은혜언약입니다. 코케이우스는 이러한 언약 간의 관계에 대한 나름대로의 견해를 분명하게 정립하고, 그에 따라 자신의 전체 신학 체계를 구성했습니다. 그리고 그의 언약 중심적 신학 때문에 후학들에게 큰 영향을 끼쳐 코케이우스 학파가 형성됩니다. 그리고 코케이우스주의자들이 푸치우스주의자들에 맞서서 대립각을 세우게 되는데, 이러한 갈등을 이해하지 못하고서는 17세기 네덜란드 사회와 교회를 제대로 이해할 수 없습니다.

소위 "언약신학의 아버지"라고 불리는 코케이우스는 1603년에 브레멘에서 태어나 교육을 받았습니다. 언약신학은 학창 시절부터 이미 그의 주된 관심사였습니다. 왜냐하면 그를 가르쳤던 마티아스 마르티니(Matthias Martini, 1572–1630)와 루드비히 크로키우스(Ludwig Crocius, 1586–1655)는 공히 언약신학에 익숙한 학자들이었기 때문입니다. 코케이우스는 이들에게 가르침을 받으면서 기존 언약신학의 체계를 습득했던 것으로 추측됩니다.

하지만 언약신학자이기 이전에 코케이우스는 고대 근동 언어와 랍비 문학에 조예가 깊은 성경주석가였습니다. 실제로 그의 작품집을 보면, 성경해석과 주석이 압도적으로 많은 분량을 차지하고 있습니다. 1626년에 코케이우스는 프라네커(Franeker)에 가서 고대 근동 언어와 문헌을 공부합니다. 고대 근동에 대한 그의 박식함은 곧 인정을 받게 되었고, 그리하여 1630년 코케이우스는 브레멘으로부터 성경 연구를 위한 고대 언어를 가르치도록 초빙을 받았습니다. 그는 1636년에 프라네커에서 히브리어를 가르치는 교수로 청빙을 받게 됩니다. 또한 1643년부터는 프라네커에서 신학을 가르치게 되었으며, 이 시기에 동료 교수였던 요하네스 클로펜부르크(Johannes Cloppenburg)의 영향을 받게 됩니다.

클로펜부르크는 푸치우스와 친분이 있는 사람이었습니다. 그러면서도 클로펜부르크는 구약과 신약의 차이점을 강조하는 경향이 있었습니다. 클로펜부르크는 로마서 3:25을 해석하면서, 그리스도는 구약 시대에 범한 죄를 속하기 위해 죽으신 것이라는 해석을 내놓았습니다. 다른 말로 하면, 구약 시대에 하나님께서는 죄를 간과하심으로써 죄에 대한 처벌을 그리스도의 십자가 사건에 이르기까지 연기하셨다는 것입니다. 이러한 클로펜부르크의 주장에 착안하여 코케이우스는 구약의 불완전한 죄용서($\pi\alpha\rho\epsilon\sigma\iota\varsigma$)와 신약의 완전한 죄용서($\alpha\phi\epsilon\sigma\iota\varsigma$)를 구분하게 됩니다. 그리고 구약의 죄용서보다는 신약의 죄용서가 완전하기 때문에, 구약 성도들은 신약 성도들에 비해 불완전한 칭의와 불완전한 양심의 자유를 누리면서 이 세상을 살았다고 주장하기도 했습니다.

그러다가 1650년에 코케이우스는 레이든(Leiden)으로 자리를 옮겨 가르치게 되는데 그곳에서 그는 신학논쟁에 휩

싸이게 됩니다. 먼저 그는 1654년 레이든에 부임한 호른벡
(Hoornbeeck)과 구약과 신약의 안식일 개념에 대해 논쟁을 벌
입니다. 코케이우스는 구약의 안식일은 신약의 주일과는 전
혀 다르며, 따라서 그리스도인들은 유대인들이 안식일을 지
키는 것과 유사한 태도를 가지고 주일을 준수할 필요가 없다
고 보았습니다. 반면에 호른벡은 구약의 안식일 명령을 일시
적인 것으로 보는 코케이우스의 주장을 용납할 수 없었습니
다. 만약 안식일 계명이 제사 제도와 같이 일시적인 것에 불과
하다면, 십계명도 흔들릴 것이며, 그렇다면 당장 네덜란드 교
회와 사회가 영향을 받을 것이 분명했습니다.

안식일 논쟁은 그 자체로만 그치지 않고 그와 관련된 사안,
즉 구약과 신약의 공통점과 차이점에 대한 추가적인 논쟁을
촉발했습니다. 푸치우스와 그의 후계자들은 구약과 신약의
죄 사함을 엄격하게 구별했던 코케이우스의 입장을 논박했습
니다. 그리고 네덜란드 북쪽에 위치한 흐로닝엔에서 오랫동
안 가르쳤던 사무엘 마레시우스(Samuel Maresius, 1599–1673)도
코케이우스와 그의 추종자들의 신학을 불쾌하게 생각했는데,
특히 코케이우스의 후계자들이 인간 이성의 능력을 긍정하
는 데카르트 철학을 신학에 적용하는 것에 큰 반감을 가졌습

니다. 코케이우스는 생전에 이러한 갈등이 해결되는 것을 보지 못하고 1669년에 세상을 떠났습니다. 각종 논쟁에 얽히면서도 조용하게 대처했던 코케이우스와는 달리, 그의 제자들은 이러한 논쟁에 매우 적극적으로 참여했고, 그 결과 1700년대 초반에 이르기까지 네덜란드 교회와 사회는 이 문제로 몸살을 앓게 됩니다.

이와 같이 많은 논쟁이 일어난 배후에는 코케이우스의 행위언약관이 자리하고 있습니다. 코케이우스는 행위언약에 대해서 특이한 입장을 취했습니다. 즉 구속 역사가 진행될수록, 아담의 범죄의 결과로 인해서 나타나는 율법 준수에 대한 엄격한 요구가 점차 옅어지고 결국에는 폐지된다는 것입니다. 행위언약의 단계적 폐지라는 다소 특이한 견해를 어떻게 볼 것인가에 대해서는 학자들 간에도 논쟁이 있습니다. 어떤 학자들은 구속 역사의 진행에 초점을 맞추어 코케이우스의 견해를 해석하는 반면, 다른 학자들은 코케이우스가 여기서 개인의 실존적인 성화의 과정을 염두에 두고 있다고 생각합니다. '원전 맛보기'를 읽어보시면 왜 이렇게 학자들의 의견이 갈리는지 독자 여러분께서 이해하실 수 있을 것입니다.

요하네스 코케이우스, 권경철 역,
『하나님의 언약에 대한 교리 개관』
(Summa doctrinae de foedere et testamento Dei explicata),
Leiden, 1654, § 58.

이 책은 교리 전반을 다루는 책은 아닙니다. 코케이우스는 이 책에서 그의 언약신학을 주로 나타내주고 있습니다. 코케이우스의 언약신학은 행위언약의 단계적이고 점진적인 폐지, 그리고 그에 따른 구속 역사의 발전에 초점을 맞추고 있습니다. 그러다보니 구속 역사의 통일성을 강조했던 푸치우스 학파와 갈등을 겪게 되었습니다. 필자는 번역 과정에서 Van Asselt, *The Federal Theology of Johannes Cocceius*(1603–1669), trans. Raymond A. Blacketer (Leiden: Brill, 2001), 271–272에 인용된 라틴어 본문을 저본(底本)으로 하였고 거기에 있는 영어 번역도 참고하였습니다.

행위언약은 낡아져서 […] 폐지되기에 이른다. 그렇기 때문에 사도는 히브리서 8:13에서 그와 같이 말한 것이다. 하지만 율법 혹은 행위언약의 폐지는 단계적으로 진행된다.

1. 죄를 통해서, 살게 될 가능성이 낡아 없어지게 된다.

2. 그리스도가 약속으로 제시됨과 믿음으로 그분을 영접함을 통해서, 정죄가 낡아 없어지게 된다.

3. 죄 속함을 실현한 새 언약의 반포를 통하여, 두려움 혹은 죽음과 종노릇을 두려워함의 영향이 낡아 없어지게 된다. 죄 속함이 실현되었을 때, 구속받은 이들은 구속주의 법아래 있게 된다. 그리하여 구속주 안에서 죄의 율법이라고 폐지된 바로 그 법이, 구세주의 법이 되어 구속주께 속한 그들에게 의로움을 부여하게 된다.

4. 몸의 죽음을 통해서, 죄로 인한 애통함이 낡아 없어지게 된다.

5. 죽은 자들 가운데서 부활함을 통해서, 그 모든 영향이 낡아 없어지게 된다.

요하네스 코케이우스, 권경철 역,
『성경에서 뽑아낸 신학 종합서』
(*Summa theologiae ex Scripturis repetita*),
31장, Geneva, 1665, § 1.

이 책은 코케이우스의 또 다른 대표 작품으로서 하나님, 창조, 인간, 죄와 구원, 교회 등 신학 전반에 걸친 교리들을 다루고 있습니다. 이 책에서 코케이우스는 다시 행위언약의 점진적인 폐지에 대해 다루고 있습니다. 필자는 위에서와 마찬가지로 Van Asselt가 인용한 라틴어 본문을 저본으로하고 거기에 있는 영어 번역을 참고하였으며, Van Asselt의 번역에서 빠진 부분들이나 미흡한 부분들을 추가하거나 수정하면서 라틴어 본문으로부터 직접 재번역을 하였습니다.

우리는 하나님의 형상으로 지음 받은 사람이 행위언약 아래에 있게 되었고 그 율법에는 영생의 약속이 필연적으로 연결되어 있어서 하나님과의 언약, 그리고 하나님의 우정과 그의 교통하심이 나타나 그가 그것에 다가가게 되었다는 것을 보았다. 사람의 범죄로 인해 그 언약은 소용이 없게 되었다. […] 그래서 우리가 행위언약 폐기와 낡아짐이라고 말할 때 염두에 두는 것은 영생의 조건이 있어 사람에게 정당하게 수용되고 가결되지 않을 수 없는, 행위들에 관련된 그 언약을 염두에 둔다. 그리고 그 언약을 통해 하나님의 명령이 반포되었고 수용되었으며 가결되었다. 이 언약은 다섯 단계에 걸쳐서 폐기 혹은 폐지되는 것으로 보인다.

1. 의롭게 되고 살게 될 가능성
2. 정죄
3. 두려움
4. 육신의 남은 것 때문에 애통함
5. 모든 영향

우리가 이렇게 말하지만, 그럼에도 이 네 단계로 이루어지는 행위언약 폐지 과정은 동일한 율법의 토대 위에 세워진 것으로, 우리의 유익을 위하여 하나로 합쳐져서 폐지되고 제거된 것임이 이해되었으면 한다. 단순히 율법 그 자체의 힘으로 그것이 가능하게 되는 것이 아니라 보증인과 구속주이신 분의 개입만으로 율법이 그와 같이 되는 것이 가능하다. 그리하여 율법의 능력을 제외시키지 않고서도 우리는 죄에 대해서는 점진적으로 죽고 하나님에게 대해서는 점점 더 살게 된다(갈 2:19). 먼저 있었던 행위언약이 무용하게 되어 없어지면서 은혜언약은 필수적인 것이 되었다. 은혜언약을 받아들임으로써 율법의 정죄가 사라지게 된다. 그럼에도 중보자가 예비되지 않았을 동안에는 죄인에게 죄책이 남아 있고 두려움이 엄습하여 종된 상태 아래 처하도록 할 수 있었을 것이다. 죄인이 그것으로부터 자유롭게 되는 것은 중보자의 죽음과 부활을 통해서다. 하지만 영과 육신 사이에서 애통해하는 것은 죽을 때까지 남아 있다. 중보자가 부활함으로써 죄로부터 파생되는 이 모든 것이 사라지고, 죄인은 은혜언약의 모든 선함과 풍성함을 상속받게 된다.

제8장
네덜란드 레이든에서
영국 런던으로
웨스트민스터 사원
제 고향은
여기서 차로
1시간 입니다.
아뇨,
난 스코틀랜드인
입니다.
선생님,
고향이 어디
세요?
흠흠
매너의 도시... 우산 필수...
영국
London
Leiden
Utrecht
17세기 개혁신학
프로젝트
경로 : 레이튼(네덜란드) >> 런던(영국) 이동 거리 : 327 km (노정 10,550)

네덜란드 레이든에서 영국 런던으로

필자는 레이든 대학교를 돌아본 후에 영국 런던으로 향했습니다. 목적지는 런던 중심가에 위치한 웨스트민스터 사원입니다. 웨스트민스터 사원에 직접 들어가서 보니 예배당이 매우 화려했습니다. 그도 그럴 것이 영국 왕실의 주요 행사(대관식, 결혼식)가 이곳에서 진행됩니다. 그리고 영국 역사에 이름을 남긴 인물들이나 왕족들의 유해가 이곳에 안치되어 있었습니다. 한국에 왔던 어떤 선교사가 자신은 웨스트민스터 사원보다도 한국에 묻히기를 원한다고 고백했었는데 그것이 얼마나 대단한 고백인지를 이 곳에서 새삼 느낄 수 있었습니다.

하지만 웨스트민스터 사원을 방문한 진짜 이유는 어떤 대단한 장식이나 문화재, 혹은 유명인의 무덤을 보기 위해서가 아니었습니다. 이곳을 방문한 이유는 바로 이곳이 장로교회의 신앙고백인 웨스트민스터 표준문서, 즉 신앙고백서와 대소요리문답 등을 작성한 장소이기 때문입니다. 그러나 이곳에서는 웨스트민스터 표준문서에 대한 그 어떠한 정보도 얻을 수 없었습니다. 필자는 웨스트민스터 사원에서 발행하는 안내 책자를 읽다가 그 이유를 발견할 수 있었는데, 그것은 바로 현재 웨스트민스터 사원을 관리하고 있는 성공회(혹은 영국 국교회)가 웨스트민스터 사원이 개혁 세력에 의해서 점령당하고 사원의 많은 화려한 장식들이 파괴된 것에 대해 매우 부정적인 시각을 견지하고 있기 때문입니다.

우리가 17세기 영국 개혁신학을 이해하려면, 먼저 웨스트민스터 표준문서가 작성되기까지의 과정에 직접적 또는 간접적으로 영향을 미친 신학자들에 대해서 알 필요가 있습니다. 그런 의미에서 이 장에서는 먼저 17세기 영국 북부 스코틀랜드 신학을 대표하는 사무엘 러더퍼드(Samuel Rutherford, 1600-1661)에 대해서 살펴보려고 합니다. 그 다음에는 웨스트민스터 신앙고백 이후 시대 잉글랜드 신학의 대표주자였던 존 오웬(John Owen, 1616-1683)에 대해서 간단히 살펴보려고 합니다.

사무엘 러더퍼드

(Samuel Rutherford)

웨스트민스터 총회에 스코틀랜드 대표의 한 사람으로서 참석했던 러더퍼드는 스코틀랜드 니스벳(Nisbet)이라는 곳에서 태어났습니다. 그는 어렸을 때부터 장로교 목회자의 설교를 들으면서 자연스럽게 장로교인으로 자라나게 되었습니다. 그러다가 1617년에 그는 에딘버러(Edinburgh) 대학교에서 신학을 공부하게 됩니다. 그는 에딘버러에서 장로교 신앙과 신학을 더 견고히 했던 것으로 보입니다.

공부를 마친 러더퍼드는 한동안 모교에서 가르치다가, 1627년부터는 앤워스(Anworth)라는 곳으로 가서 목회에 전념했습니다. 하지만 당시 혼란했던 시대상은 그로 하여금 조용히 목회만 하도록 내버려 두지 않았습니다. 엘리자베스 여왕이 처녀로 죽은 후, 그녀의 뒤를 이은 왕은 스코틀랜드의 제임스 1세[6]였습니다. 그리고 제임스 1세가 세상을 떠났을 때, 그의 뒤를 이은 사람은 제임스 1세의 아들 찰스 1세였습니다. 제임스 1세는 장로교회를 별로 좋아하지 않았지만, 그래도 스코틀랜드에서 자랐기 때문에 벼랑 끝 전술을 취하다가도 때로는 장로교회인들과 타협하고 물러설 줄도 알았던 왕이었습니다. 하지만 찰스 1세와 그의 밑에서 종교 정책을 총괄하던 윌리엄 로드(William Laud) 주교는 그런 요령이 없었습니다. 게다가 그들은 가톨릭 성향이 강했습니다. 영국 개신교도들은 역사적으로 가톨릭을 원수로 생각했기 때문에, 성공회를 가톨릭과 비슷하게 만드는 찰스 1세의 정책을 환영할 수가 없었습니다. 러더퍼드도 이러한 현실을 묵과할 수 없었고, 그리하여 그는 찰스 1세의 종교정책을 비판하다가 결국 설교를 금지당하고 애버딘(Aberdeen)에 갇히게 됩니다.

그런데 1638년이 되자 스코틀랜드 국민들이 국가적으로 장로교 신앙과 신학을 지키겠다고 서약하면서 찰스 1세에게 조직적으로 저항하기 시작했습니다. 이러한 체계적인 저항 운동을 계기로 러더퍼드는 애버딘에서 풀려나 다시 활동을 전개하게 됩니다. 당시에 찰스 1세는 스코틀랜드뿐만 아니라 잉글랜드 국회와도 대립하고 있었습니다. 그래서 잉글랜드 국회는 스코틀랜드와 손을 잡고 함께 왕에 대항하는 공동전선을 펴기로 약속을 합니다. 이것이 바로 "엄숙한 연대와 언약"(Solemn League and Covenant)입니다.

한편 당시 잉글랜드는 장로교 신앙에 투철한 상태가 아니었으므로, 왕과의 내전으로 인해 생긴 종교적인 혼란을 겪게 됩니다. 잉글랜드 국회는 이러한 혼란을 타개하고 새로운 교회를 건설하기 위해 웨스트민스터 총회를 소집합니다. 그리고 이 총회에 스코틀랜드도 대표단을 파견하여 의견을 제시해달라고 요청합니다. 이에 스코틀랜드는 다섯 명의 목사와 세 명의 장로를 대표단으로 보냈는데 그중 한 사람이 러더퍼드였습니다.

러더퍼드는 1643년에 특사로 런던에 왔고, 1647년까지 그곳에 머물면서 웨스트민스터 총회를 도왔습니다. 그는 런던에서 총회 일을 도우면서 동시에 활발한 저술 활동을 했습니다. 그가 이 시기에 출판한 대표적인 저서가 바로 『법, 왕』입니다. 1644년에 출간된 『법, 왕』에서 러더퍼드는 왕이 폭정을 행하면 하나님, 그리고 백성과의 언약을 어긴 것이므로 왕의 자격이 없다고 주장했습니다. 당시에는 많은 사람들이 왕권을 절대적인 것으로 믿었다는 사실을 고려한다면, 러더퍼드의 논지는 그야말로 급진적인 것이 아닐 수 없습니다.

그러나 러더퍼드의 말년은 행복하지 못했습니다. 올리버 크롬웰(Oliver Cromwell, 1599-1658)이 잉글랜드를 장악하면서 잉글랜드는 장로교 신앙에서 멀어져 갔습니다. 러더퍼드는 그러한 현실을 쓸쓸히 바라볼 수밖에 없었습니다. 더구나 당시에 스코틀랜드 군대가 크롬웰의 군대와 싸웠다가 패한 적이 있었습니다. 러더퍼드는 그 상황을 구약에서 이스라엘 백성들이 죄악을 제거하지 않았기 때문에 전쟁에서 패배한 것과 비교하면서, 죄악을 버리면 이길 수 있다고 주장했습니다. 하지만 스코틀랜드는 그 다음에도 크롬웰에게 대패하면서 러더퍼드의 영향력은 반감되게 됩니다.

크롬웰이 죽은 후에 왕정이 다시금 들어서자, 러더퍼드는 더욱더 설 자리를 잃습니다. 왜냐하면 『법, 왕』은 왕당파들의 입장에서는 왕정의 기초를 허무는 위험한 책이었기 때문입니다. 이런 상황 속에서 만약 러더퍼드가 장수했더라면 더 큰 괴로움을 당했을 것입니다. 하지만 불행인지 다행인지 러더퍼드는 왕정이 회복된 후 얼마 되지 않은 1661년에 세상을 떠나게 되어 그러한 처벌을 면할 수 있었습니다.

사무엘 러더퍼드, 권경철 역, 『법, 왕』(*Lex, Rex*), London, 1644.

이 책은 러더퍼드가 영국 내전 때 왕권신수설을 주장하던 왕당파의 주장에 맞서 왕의 권위가 절대적이지 않다는 것을 보여주기 위해 쓴 책입니다. 러더퍼드는 아무리 왕이더라도 폭정을 행했다면 하나님과의 언약을 어긴 것이므로 왕으로서의 자격이 없다고 주장했습니다.

질문 14

사람들은 왕을 세울 때 조건부로 세우는가, 아니면 조건과 상관없이 절대적으로 세우는가? 신민만큼이나 왕도 구속하는 언약이라는 것이 존재하는가?

자연적인 언약이라는 것이 있고, 정치적 혹은 시민적 언약이라는 것이 있다. 왕과 그의 신민 사이에는 정치적이고 시민적인 언약은 존재하지 않는다. 왜냐하면 왕과 백성들은 평등하지 않기 때문이다(왕당파의 주장이다). […]

주장 1. 왕과 백성 사이에는 상호 간의 연계성에 의하여 부과되는 맹약이 존재한다. 그리하여 왕은 백성들에게 대해서 시민적인 의무를 지게 되는 것이고, 백성들은 왕에게 대해서 그리하는 것이다. 사무엘하 5:3. "이에 이스라엘 모든 장로가 헤브론에 이르러 왕에게 나아오매 다윗왕이 헤브론에서 여호와 앞에 그들과 언약을 맺으매 그들이 다윗에게 기름을 부어 이스라엘 왕으로 삼으니라." 역대상 11:3. "이에 헤브론에서 다윗이 그들과 여호와 앞에 언약을 맺으매 그들이 다윗에게 기름을 부어 이스라엘의 왕으로 삼으니 여호와께서 사무엘을 통하여 전하신 말씀대로 되었더라." (그 외에도 러더퍼드는 역대하 23:2-3, 열왕기하 11:17, 전도서 8:2 등을 증거 구절로 인용합니다-역자 주) 그렇다면 왕과 백성 사이에 언약이 존재한다는 사실은 자명하다. 이 언약은 왕이 하나님과만 체결하는 것이 아니라 백성과도 체결하는 것이다.

주장 2. 사람과 사람 사이에서 맺어진 모든 언약과 계약, 즉 모든 엄숙한 약속은 언약의 당사자들을 법적 책임하에 있도록 하며 사람들 앞에서 언약대로 시행할 것을 요구할 권리를 부여하는 것이다. 만약 하나님의 맹세가 파기될 수 있다면, 아브라함과 아비멜렉 간의 언약도 파기될 수 있으며(창 21:27), 요나단과 다윗 사이의 언약도 파기될 수 있을 것이다(삼상 18:3). […]

러더퍼드가 언약신학을 성경 역사뿐만 아니라 당시 정치 상황에도 적용하고 있다는 점을 눈여겨보시기를 바랍니다. 러더퍼드는 베즈의 저항 이론을 언약신학에 적용시키고 있습니다. 러더퍼드는 이미 홉스나 로크의 정치 이론을 어느 정도 예견한 셈입니다.

존 오웬

(John Owen)

존 오웬은 웨스트민스터 총회에 참석하지 못했습니다. 그 이유는 무엇보다도 그가 총회 당시에 너무 어렸기 때문입니다. 1616년에 태어난 오웬은 소위 "청교도"라고 불리는 영국교회 개혁 세력에 긍정적이었던 아버지 밑에서 성장했습니다. 아버지의 청교도적 경향은 오웬에게 영향을 끼쳤습니다. 실제로 오웬은 옥스퍼드에서 교육을 받다가 찰스 1세와 로드 대주교가 로마 가톨릭교회 제도를 성공회에 도입하자 그것에 거부감을 느끼고 옥스퍼드를 떠났습니다.

이 무렵 오웬은 회심을 경험하게 됩니다. 사실 회심 전인 1642년에 이미 오웬은 아르미니우스주의를 논박하는 저서를 출판할 만큼 신학적인 소양이 풍부했습니다. 하지만 회심을 경험한 이후의 오웬이 회심을 경험하기 이전의 오웬보다 신앙적으로 건전하고 견고할 것임은 이론의 여지가 없습니다.

오웬은 처음에는 에섹스(Essex)지방에 있는 포드햄(Fordham)에서 사역을 감당하다가, 1646년부터는 코그셜(Coggeshall)이라는 곳으로 자리를 옮겨서 사역하게 됩니다. 그리고 이곳에서 오웬은 미국으로 건너가서 정착한 존 코튼(John Cotton)의 저서『그 나라의 열쇠』(*The Keys of the Kingdom*)를 읽고 회중교회주의자로 전향하게 됩니다. 회중교회는 장로교회와는 달리, 여러 교회들이 구성하는 협의체가 아닌 개교회가 중심이 되어 교회 일들을 처리하는 구조로서 17세기 미국에서 유행하고 있었습니다. 또한 1647년에 오웬은 그리스도께서 십자가에서 달려서 속죄의 피를 흘리신 것은 택함을 받은 백성들을 위해서 그렇게 하신 것이라는 주장을 담은『그리스도의 죽음을 통한 사망의 죽음』(*The Death of Death in the Death of Christ*)을 출간했습니다.

1649년 찰스 1세가 사형을 당한 바로 다음 날, 존 오웬은 국회에 불려가서 설교를 했습니다. 놀랍게도 이날 설교에서 왕에 대한 언급은 단 한마디도 나오지 않았습니다. 그리고 국회의원들은 이 날 설교가 마음에 들었는지 오웬을 하원(House of Commons)에서도 설교하도록 초청했습니다. 하원에서 오웬이 설교하는 것을 들은 올리버 크롬웰은 오웬을 좋게 보고 그를 자기의 종군목사로 임명했습니다. 당시 실권자였던 크롬웰의 도움으로 오웬은 옥스퍼드 대학 학장(Vice-Chancellor)까지 역임하면서 출세가도를 달릴 수 있었습니다. 그러던 중에 1655년에는 그리스도가 십자가에서 형벌을 받는 것과 속죄 사이에는 직접적인 관련성이 없다는 급진주의자들(보통은 소키누스주의 혹은 소시니안이라고 합니다)의 주장을 반박하는 『복음변호』(Vindiciae Evangelicae)라는 책을 탈고하기도 했습니다.

하지만 1657년 오웬은 크롬웰이 왕위에 앉을 지를 잠시나마 고민했었다는 말을 듣고 크롬웰의 권력욕에 실망하여 학장직을 사퇴하게 됩니다. 이때부터 오웬의 정치적인 영향력은 이전보다 현저히 감소되었습니다. 그리고 이듬해인 1658년에 오웬은 웨스트민스터 신앙고백과 대동소이하지만 교회론 만큼은 회중교회에 맞게 수정을 가한 소위 사보이 선언(Savoy Declaration)이라는 회중교회의 신앙고백을 만드는 일에 참여하기도 했습니다.

크롬웰이 세상을 떠나고 왕정이 회복되면서 오웬은 영국 국교회에서 쫓겨납니다. 하지만 함께 국교회에서 쫓겨난 리처드 백스터(Richard Baxter)가 핍박을 받으며 심한 고생을 했던 반면에, 오웬은 왕의 총애를 얻어서 상대적으로 편안한 여생을 보냈습니다. 이 시기에 오웬은 대작들을 쏟아냅니다. 오웬은 그의 언약신학을 보여주는 『신학전집』(*Theologoumena Pantodapa*, 1661)을 필두로, 『성령론』(1674-1693), 그리고 『히브리서 주석』(1667-1684)을 출간했습니다. 그리고 말년에는 종교관용에 대한 짧은 글을 쓰기도 했지만, 실제로 1689년에 종교관용령이 실행되는 것까지는 보지 못하고 1683년에 세상을 떠났습니다.

존 오웬, 권경철 역,

『히브리서 주석』(*Exposition of the Epistle to the Hebrews*),

vol 5, William H. Goold ed., 1855, reprint, Grand Rapids,

MI: Baker, 1980, 히브리서 7:20–22.

존 오웬의 히브리서 주석은 훌륭한 작품이지만 전집에 포함되지 않다보니 상대적으로 덜 알려진 작품이기도 합니다. 이미 오웬 전에 코케이우스와 같은 언약신학자들이 히브리서 주석을 저술했는데, 오웬은 그들의 주장을 단순히 반복하지는 않습니다. 필자가 아래에 번역한 본문은 히브리서 7:22입니다. 만약 오웬이 코케이우스 학파의 영향을 강하게 받았다면, 히브리서 7:22을 해석하면서 신약에서의 그리스도의 보증과 구약에서의 그리스도의 보증에 대해서 서로 비교하고 대조할 법도 한데, 본문에서는 그런 내용을 직접적으로 찾기가 어렵습니다. 따라서 오웬을 코케이우스 학파 혹은 푸치우스 학파라고 성급하게 판단하는 것은 무리가 있습니다.

[…] 이 같은 것들을 전제하고, 이제 우리는 그리스도께서 어떻게 해서 여기에 지칭된 것처럼 더 좋은 언약의 보증이 되셨는지에 대해서 간단하게 천명하도록 하겠다.

주님이신 그리스도께서는 우리를 위한 보증인(*vas, praes, fidejussor*)이신데, 그의 풍성한 은혜와 사랑을 따라 자원해서 그 직분을 맡으셔서 우리에게 요구되는 모든 것들을 해주심으로 우리들은 그 언약, 즉 그 은혜와 영광이 예비되고, 제안되고 약속되어 있는 그 언약의 혜택을 하나님의 지혜가 결정하는 방식대로 누릴 수가 있다. 이 점은 두 가지로 요약될 수 있다.

1. 그리스도께서는 그 언약의 보증인으로서 장래에 태어나 그 혜택에 참여할 이들의 모든 죄에 대해서 대응해주는 역할을 맡으셨다. 그러므로 그들의 죄 때문에 형벌을 받으셨고, 그들을 위해 죄를 속하셨으며 그들의 죄를 위한 화목제물로 자신을 드리셔서, 율법 아래 속박되고 비참한 상태에 있는 그들을 그의 피 값으로 구속하신 것이다(사 53:4-6,10; 마 20:28; 딤전 2:6; 고전 6:20; 롬 3:25,26; 히 10:5-8; 롬 8:2,3; 고후 5:19-21; 갈 3:13). 그리고 이것은 그 언약에서 예비된 은혜와 영광이 우리에게 전달되기 위해서 절대적으로 필요한 것이다. 그리스도께서 이 직분을 맡으시고 이 같은 일을 하지 않으셨다면, 하나님의 의로움과 신실하심은 하나님을 배신하고 하나님의 권위를 멸시하고 그분께 대해서 반역을 일으켜 유죄 판결을 받고 죄의 저주 아래 놓인 죄인들이 다시금 하나님의 은총을 받고 은혜와

영광에 참여하는 일을 용납할 수 없었을 것이다. 그래서 주님께서는 친히 그 언약의 보증의 직분을 맡으셨다.

2. 이 언약 안으로 들어올 사람들은 이 언약의 조건에 그들을 부합하도록 만드는 은혜를 받고, 언약의 조건을 충족시키며, 언약에서 하나님께서 요구하시는 순종을 해야만 한다. 하나님의 정하신 원칙에 의하여 그리스도께서는 그들을 위하여 성령을 취득하실 것이었으며, 실제로 성령을 취득할 자격을 갖추고 그것을 취득하셨다. 그리고 그들을 새로운 피조물로 만들기 위해서 필요한 모든 은혜의 공급을 취득하실 것이었으며 실제로 그것을 취득할 자격을 갖추고 그것을 취득하셨다. 그래서 그들로 하여금 영적 생명의 새로운 원리에 순종하고 끝까지 신실하도록 하셨다. 그리하여 그리스도는 더 좋은 언약의 보증이 되셨던 것이다.

부록

부록 1: 17세기 신학 이해하기

부록 2: 더 깊이 있는 공부를 위한 참고 자료

부록 3: 17세기 연대표

17세기 신학 이해하기

갈릴레오의 지동설, 케플러에 의한 천문학의 발전과 뉴턴의 만유인력 법칙 발견, "나는 생각한다. 그러므로 나는 존재한다."라고 말하면서 철학의 새 지평을 연 데카르트, 토마스 홉스의 정치철학과 로크의 경험론 철학, 그리고 유럽을 뒤흔든 30년간의 종교전쟁에 이르기까지, 이 모든 인물과 사건들은 모두 17세기를 배경으로 하고 있다. 이렇게 보면 17세기가 역사적으로 매우 중요한 시기임은 분명하다. 하지만 17세기는 다소 모호한 시대이기도 하다. 16세기가 종교개혁의 시대이고, 18세기는 이성주의 혹은 계몽주의 시대라면, 17세기는 어떤 시대인가? 17세기만의 특징은 무엇인가? 17세기는 이성 일변도의 시대도 아니고 그렇다고 종교개혁시대도 아닌 애매한 면이 있으므로, 많은 학자들이 "초기 근대"(Early Modern)라는 두루뭉술한 이름으로 17세기를 부르곤 한다.

17세기는 신학의 역사에 있어서도 애매한 위치에 놓여 있다. 17세기는 종교개혁이 있었던 16세기처럼 주목받는 시대는 아니다. 종교개혁과 관련된 책과 연구논문이 많지만 17세기 신학에 관한 깊이 있는 연구는 그 수가 상대적으로 적다. 또한 계몽주의 혹은 경건주의가 기독교에 끼친 영향이 크므로 18세기에 대해서는 많은 연구가 이루어진 반면, 17세기 연구는 찬밥 신세를 면치 못했다. 그도 그럴 것이 종교개혁을 연구하는 사람들의 시각에서 본 17세기는 이성주의에 물들어가는 위험한 세기이며, 계몽주의를 연구하는 사람들의 시각에서 본 17세기는 아직 충분히 이성적이지 않은 미개한 시대처럼 보이기 때문이다. 또한 경건주의 연구가들의 관점에서 본 17세기는 신학에 있어 먼지처럼 무미건조한, 논리의 정확성에만 사활을 걸었던 시기였기 때문에 17세기를 깊이 있게 공부한다는 것이 그다지 흥미롭게 다가오지는 않았을 것이다.

하지만 실제로 17세기 신학자들의 작품을 읽게 된다면 독자들은 결코 그 시대의 신학을 과소평가할 수 없다는 것을 느끼게 될 것이다. 17세기에 만들어진 많은 신앙고백서들과 신학 작품들은 매우 명쾌하여 오늘날까지도 개신교 각 교단의 신학적 입장을 밝히는 데에 유용하게 쓰이고 있다. 괜히 17세기 신학을 정통주의 신학이라고 부르는 것이 아니다. 또한 17세기 정통주의 신학은 종교개혁 신학을 체계적으로 계승하여 발전시키고 있으며 동시에 상당한 학문적인 체계를 갖추고 있다. 그러므로 이를 개신교 스콜라주의라고도 부른다. 그리고 소위 청교도 경건문학에서 보듯이, 17세기 신학이라고 해서 반드시 경건성이 결여되어 있는 것도 아니다.

그렇다면 왜 17세기 신학은 과소평가되었는가? 그것은 바로 우리가 17세기 정통신학을 17세기의 상황에서 이해하지 않고 현재 우리의 상황과 입장에서 해석하기 때문이다. 17세기 신학자들의 신학방법론은 이후 세대들의 신학방법론과 다르고 이전 세대의 종교개혁자들의 신학방법론과도 다소 다르므로 꼼꼼히 따져보지 않으면 오해를 불러올 수 있다. 가령, 많은 사람들이 칼뱅의 『기독교강요』와 프랑수아 투레티니의 『논박신학강요』을 비교하면서 이 두 작품이 주제를 전개하는 방식이 각각 다르다는 것에 주목한다. 그리고 칼뱅은 투레티니처럼 꽉 짜인 구조의 틀 속에 신학을 가두지 않았으므로 더 생기 있는 신학을 했다고 평가하는 경우도 있다. 그리고 투레티니의 정형화되고 체계적인 성경무오설이 토마스 아퀴나스가 『신학대전』에서 사용한 방법에 힘입은 것이며 칼뱅의 입장과는 거리가 멀다고 평가하는 학자가 있는가 하면,[7] 심지어 어느 저명한 투레티니 연구가는 투레티니의 신학을 가리켜 생기가 없는 무미건조한 체계라고 혹평하기도 한다.[8] 17세기 신학 연구의 대가인 빌렘 반 아셀트 교수는 칼뱅과 그의 후계자들의 신학적 단절을 강조하는 이와 같은 입장을 "불연속성 이론"(discontinuity theory)이라고 불렀다.[9]

하지만 이러한 평가들은 칼뱅과 투레티니가 맞닥뜨린 시대 상황의 차이를 전혀 고려하지 않은 것이다. 칼뱅은 투레티니보다 100여년이나 앞서 살았던 사람이었으며, 칼뱅이 살았던 당시는 종교개혁이 막 제네바에 정착하고 있을 시기였다. 제네바의 개신교 고등교육기관인 제네바 아카데미가 설립된 것도 칼뱅의 말년에나 가능했다. 하지만 투레티니의 상황은 달랐다. 투레티니가 태어나기 전부터 이미 제네바에는 종교개혁이 뿌리내렸으며, 그는 태어날 때부터 개신교인이었고, 그가 교수로 평생 재직했던 제네바 아카데미는 이미 개교한 지 60년이 넘는 전통 있는 학교가 되어 있었다. 어렸을 때부터 개신교 학교에서 교육받으며, 신학 전체를 개신교의 입장에서 배우고 가르친 투레티니와 갑작스런 회심으로 인해서 망명생활을 하다가 말년에 학교를 설립한 칼뱅이 똑같은 방식으로 책을 저술하리라고는 기대하기 어렵다. 종교개혁자들은 종교개혁의 생존을 걱정하면서 당대에 급작스럽게 등장하게 된 논쟁 위주로 신학을 연구했다. 반면에 정통주의자들은 옛날부터 이미 자리 잡아 가고 있었던 개신교 대학과 교회에서 매주일마다 다양한 주제를 가르쳐야 하는 입장에 놓여 있었다. 그러다 보니 종교개혁자들과 정통주의자들은 신학 방법론이나 그 정교함에 있어 차이가 날 수밖에 없었다.

물론 이러한 방법론의 차이가 곧 내용의 차이라고는 볼 수 없다. 다시 말해서 개신교 학교의 신학자들이 종교개혁자들보다 더 물샐틈없는 논리로 신학을 전개해 나갔다고 해서, 그들이 종교개혁자들의 신학적 유산을 무시하고 부정한 것은 아니다. 이는 마치 어떤 성경 본문을 가지고 설교할 때, 본질적으로 동일한 내용의 설교를 이야기식으로 전달할 수도 있고, 세 개의 요점을 제시하면서 더 논리적으로 전달할 수도 있는 것과 같다. 논리적인 순서에 따른 설교가 이성주의와 합리주의에 물든 나쁜 설교라고 할 수 없는 것처럼, 정통주의 신학자들이 당시 학교에서 통용되는 스콜라주의라는 학문 방법론을 사용해서 종교개혁자들의 신학을 체계화하고 정리한 것이 메마른 이성주의요, 합리주의라고 매도할 수는 없다는 말이다.

흥미로운 점은 칼뱅에게서 스콜라주의의 흔적이 어느 정도 발견된다는 점이다. 스타인메츠(David Steinmetz) 같은 학자들은 칼뱅이 성경을 주해할 때 중세 스콜라주의자들이 사용하던 성경 해석 방법을 은연중에 사용하기도 했다는 점을 밝혀냈다.[10] 그중에서도 대표적인 것이 중세에 널리 쓰이던 하나님의 절대적 권능(Absolute Power)과 정해진 권능(Ordained Power) 사이의 구분이다. 칼뱅은 이 구분을 비판하면서도 은연중에 이 구분과 매우 유사한 결론을 도출해내기도 한다.[11] 또한 멀러(Muller)에 따르면, 칼뱅의 스콜라주의 비판도 어느 정도 걸러 들어야 할 필요가 있다고 말한다. 왜냐하면 칼뱅의 스콜라주의 비판은 대부분의 경우 스콜라주의를 싸잡아서 비난하는 것이 아니라 주로 파리 소르본 대학교에서 가르치던 신학자들의 스콜라주의 신학을 비판하는 것이었기 때문이다. 칼뱅이 1560년 프랑스어판 기독교강요를 쓸 때, 1559년 라틴어 판본에 26번 나오던 "스콜라주의자들"이라는 단어를, "소르본 신학자"로 12번이나 대체했다는 점이 이를 증명한다.[12]

칼뱅의 스콜라주의적인 면모는 스콜라주의가 변화하지 않

는 고정된 실체가 아니라는 점을 생각한다면 그다지 놀랄 일이 아니다. 중세의 스콜라주의와 아리스토텔레스주의는 종교개혁을 거쳐서 17세기에 이르기까지 여러 가지 변종을 만들어내었다. 특히 종교개혁 시대에 유행하던 스콜라주의는 르네상스의 영향을 강하게 받은 스콜라주의였다. 칼뱅이 배우고 익힌 스콜라주의 역시도 르네상스식의 스콜라주의라고 할 수 있다. 이러한 점에서 칼뱅과 칼뱅의 후계자인 개혁파 정통주의 신학자들 사이에는 학문 방법론에 있어 어느 정도 연속성이 존재한다고 말할 수 있다.

물론 종교개혁자들과 정통주의 신학자들 사이에 연속성만 있는 것은 아니다. 16세기와 17세기, 특히 종교개혁 시대와 전성기의 정통주의 사이에는 몇 가지 차이점이 존재한다. 첫째로, 종교개혁 시대에는 큰 문제가 되지 않았던 주제들이 전성기 정통주의 시대에 부각되면서 거대한 신학논쟁으로 번지는 경우가 있었다. 초창기 종교개혁자들은 교회 개혁을 위하여 당장 중요한 현안들 위주로 작품을 남겼고, 그런 이유로 신학 전반에 걸쳐서 체계적인 저술을 남기기가 어려웠다. 물론 그들 중에서는 『보편신학논제』(한국에서는 『신학총론』이라는 제목으로 CH북스에서 번역하여 간행했다)를 남긴 필립 멜랑흐톤(Philip

Melanchthon, 1497-1560)이나 칼뱅같이 체계적으로 개신교 신학을 정리한 책들을 쓴 사람들도 있었으나, 그들조차도 이후에 있을 논쟁들을 모두 다 예견하고 그에 대한 답을 제시하지는 못했다. 그러다 보니 종교개혁 신학이 어디까지 확장될 수 있는지, 신학적인 의견 차이는 어디까지 용납될 수 있는지 등에 대해서 17세기의 상황에 맞는 해답이 필요한 경우가 종종 생기게 되었다. 그중에서도 유명한 것이 소뮈르 학파(옛날 책에는 소뮈르 학파를 "소유물 학파"라고 번역하기도 했는데, 프랑스어 지명인 소뮈르의 원래 발음을 생각한다면 여기서는 소뮈르 학파라고 부르고자 한다)를 놓고 벌어진 신학논쟁이다.

17세기에 프랑스 서쪽 지방에 위치한 소뮈르(Saumur) 지역에 있던 개신교 신학원에서 가르치던 교수 중에서 3명은 특이한 신학 사상으로 유명했다. 그들의 이름은 루이 카펠(Louis Cappel, 1585-1658), 모아제 아미로(Moise Amyraut, 1596-1664), 그리고 조쉬에 들 라 플라스(Josué de La Place, 1596-1655)였다. 이들 중에서 가장 고참급 교수는 루이 카펠이었다. 그는 구약의 히브리어 본문에 들어가 있는 모음이 처음부터 성경에 있었던 것이 아니고 후대에 첨가되었다고 생각했다. 즉 모음 부호는 주후 6세기 정도에 맛소라 학자들이 추가했다는 것이다.[13] 그래서 예수님께서 마태복음 5:18에서 "내가 진실로 너희에게 이르노니 천지가 없어지기 전에는 이 율법의 일점일획도 없어지지 아니하고 반드시 이루리라"고 말씀하실 때에 나오는 "일점일획"은 예수님 당시에도 이미 히브리어 성경에 모음 부호와 강세 표시 및 구두점이 있었으며 예수님이 그것들을 절대적인 것으로 말씀하셨다는 증거가 될 수 없다고 카펠은 주장했다.[14] 그는 "일점일획"을 단지 율법의 가장 작은 조항을 가리키는 표현으로 해석했다. 요즈음에는 보수 신학자들도 대체로 구약 히브리어 성경의 모음 부호가 맛소라 학파에 의해서 후대에 삽입되었다고 인정하지만, 당시에는 그와 같은 주장이 성경의 권위를 의심하는 위험한 행동으로 여겨졌다.[15] 개신교 신학자들이 보기에 카펠의 주장은 히브리어 성경의 권위를 깎아내리고 제롬이 번역한 불가타 라틴어 성경의 절대적 권위를 주장하던 로마 가톨릭의 입장과 위험하게도 닮은 것처럼 보였다.[16]

한편 조쉬에 들 라 플라스의 주장은 조금 더 심각한 신학적 위험성을 내포하고 있었다. 그는 아담의 죄가 직접적 혹은 선천적(antecedenter)으로 전가되지 않고, 간접적 혹은 결과적으로만 전가되었다고 주장했다.[17] 이 말이 암시하는 것은, 아담이 죄를 지었을 때 그의 모든 후손이 아담 안에서 즉시로 함께 죄인이 된 것이 아니라 아담의 죄의 성향과 부패한 도덕성이 사람들에게 대물림되었고 그 결과 죄인이 되고 만다는 것이다. 다른 말로 하면, 부패한 본성을 아담으로부터 이어 받았으므로 사람들이 죄를 짓고 문제를 일으키는 것이지 내가 아무 잘못도 하지 않았음에도 아담의 죄가 곧 나의 죄로 여겨진다고 보기는 어렵다는 것이다. 원죄에 대한 이러한 재해석은 당연히 정통주의 신학자들의 반발에 부딪쳤고, 그리하여 1645년에 열린 프랑스 샤랑통 대회(Charenton Synod)에서 당대의 신학자들은 "모든 인류가 물려받은 원죄란 단지 부패성의 대물림일 뿐이라고 하면서 아담의 처음 죄악이 전가되었음을 부정하는 이들이 있는데, 우리 대회는 그러한 교리를 정죄했다"라고 선언하기도 했다.[18] 하지만 이 대회 이후에도 들 라 플라스가 자신의 생각을 철회하지 않고, 오히려 자신의 견해를 변호하는 책인 『아담 원죄의 전가』를 출판했다는 점을 생각해보면 그는 자신의 주장이 샤랑통 대회와 상충되지 않을 수 있다고 생각했던 것 같다.[19]

카펠과 들 라 플라스도 유명했지만, 역시 소뮈르 학파를 대표하는 인물은 모아제 아미로라고 할 수 있다. 아미로는 스코틀랜드 신학자 존 카메론(John Cameron, 1579-1625)의 가르침을 받아 새로운 형태의 예정론이자 속죄론을 창안했다. 아미로의 주장은 다음과 같이 요약될 수 있다.

하나님께서는 먼저, 믿는 모든 사람에게 구원을 베푸시기로 작정하셨다. 하나님은 모든 사람이 구원을 얻기를 원하시기 때문에, 예수님의 십자가 속죄 사역에서 나타난 하나님의 은혜는 모든 사람을 위한 것이나 다름없다. 이런 면에서 하나님의 은혜는 보편적이다. 하지만 그리스도의 십자가가 효력을 발휘하려면 믿음이라는 조건이 필요하다. 믿는 사람에게만 이 은혜가 효력이 있게 된다. 그런데 하나님께서는 이 믿음을 선택된 사람들에게만 주시기로 또 한번의 작정을 하셨다. 따라서 속죄는 잠정적으로나마 보편적인 면모가 있지만, 실제로 택함을 받는 것은 선택 받은 일부 사람들에게만 해당된다.[20]

찰스 핫지는 모아제 아미로의 이러한 가르침을 다음과 같은 5가지 항목으로 요약했다.[21]

(1) 하나님께는 인류 전체에 대한 그의 호의를 따라 사람들을 구

속하시려는 동기 부여가 있었다.

(2) 이 동기를 따라서 하나님께서는 그의 아들을 보내셔서 모든 사람의 구원을 가능하게 하셨다

(3) 하나님께서는 가설적이긴 하지만 전체를 대상으로 하는 작정을 하심으로써, 그리스도를 믿는 사람은 누구든지 구원되도록 하셨다.

(4) 모든 사람에게는 회개하고 믿을 자연적인 능력이 있다.

(5) 하지만 이러한 자연적인 능력이 도덕적인 능력에 의해서 반감되기 때문에, 하나님께서는 인류의 일부에게 효력 있는 은혜를 주셔서 그들의 구원이 확실하게 되도록 하시기를 결정하셨다.

즉, 하나님께서는 믿음이라는 조건 아래 잠정적으로 모든 사람을 구원하시려고 작정하셨다. 그리고 그 후에 하나님께서는 특정한 사람들에게 믿음을 주셔서 그들이 실제로 믿고 구원을 받도록 작정하셨다는 것이다.[22] 이것이 왜 어떤 사람들은 구원을 받고 어떤 사람들은 구원을 받지 못하는가에 대한 아미로의 대답이었다. 이러한 입장은 17세기 당시에는 "보편 은혜론"이라고 부르기도 했으나, 요즘에는 하나님께서 "가설적으로" 모든 사람의 구원을 의도하셨다는 의미에서 "가설

적 보편(구원)론"(hypothetical universalism)이라고 불리는 경우
가 더 많다.

　아미로의 주장이 왜 물의를 일으켰는지 이해하기 위해서는
당시의 시대 배경을 살펴볼 필요가 있다. 하나님께서 어떤 사
람들은 조건 없이 택하셔서 구원하시고 어떤 사람들은 버려
두시기로 미리 정하셨다는 것을 소위 이중예정 교리라고 한
다. 17세기 네덜란드에서는 이러한 교리에 의문을 제기하는
사람들이 있었다. 그 중에 대표적인 인물이 야콥 아르미니우
스(Jacob Arminius, 1559-1609)였다. 아르미니우스는 본래 칼뱅
의 후계자인 베즈에게서 배웠다. 하지만 아르미니우스는 예
정론 교리에 대해 의문을 품게 되었고, 하나님 입장에서 절대
적인 예정을 주장하기보다는 피조물 나름대로의 재량과 의지
를 존중하는 것을 우선시하는 경향을 보이게 된다. 즉 하나님
의 예정하심은 무조건적인 것이 아니며, 피조물이 어떻게 하
느냐에 따라서 예정의 세부적인 내용과 결과가 바뀐다는 말
이다. 아르미니우스의 이러한 생각이 아르미니우스의 후계자
들에게 계승되면서 아르미니우스주의가 탄생하게 되었다. 아
르미니우스주의자들은 대체로 하나님께는 은혜를 주실 때 받
을 사람이 어떤 반응을 보일지를 미리 아시고 예정하신다고

하면서, 사람이 하나님의 은혜를 받을 수도 있고 거부할 수도 있는 재량과 자유의지가 있다고 주장한다. 이러한 생각은 제한속죄론에 대한 반박으로 자연스럽게 이어진다. 모든 사람이 구원을 받지 못하는 이유는 택함 받은 하나님의 백성만을 위해서 그리스도가 희생하셨기 때문이 아니라 사람들이 그리스도의 은혜를 믿지 않고 거부하기 때문이다. 하지만 전통적인 개혁주의 신학자들은 이러한 주장을 용납할 수 없었다. 그들이 보기에 아르미니우스주의는 인간의 자유의지를 앞세워 하나님의 변할 수 없는 계획을 무너뜨리고 있었다. 하나님이 하고자 하시는 계획과 그 뜻은 좌절될 수 없어야 하는데, 아르미니우스주의의 체계에 따르면 하나님이라도 피조물의 반대와 거부를 무시하고 모든 일을 마음대로 하실 수는 없는 것처럼 보이기 때문이다. 하지만 당시 네덜란드의 고위 관료였던 올덴바르네펠트(Oldenbarnevelt, 1547–1619)는 아르미니우스파를 두호했고, 이에 네덜란드 사회와 교회가 논쟁에 휘말리게 되었다. 결국 이 논쟁은 네덜란드 독립운동 지도자인 빌렘 1세(Willem van Oranje 1533–1584)의 아들 모리츠(Maurits van Oranje)가 올덴바르네펠트를 제거하고 도르트 대회(Synode van Dordrecht, 1618–1619)를 소집하여 아르미니우스 반대파의 손을 들어줌으로써 일단락되었다.

이러한 배경에 비추어 볼 때, 소위 영어권에서 아미랄드주의라고도 불리는 모아제 아미로의 입장은 도르트 대회가 확증한 정통 개혁주의의 입장과 아르미니우스주의 사이에 위치한 절충적이고 중도적인 입장으로 볼 수 있다. 하나님께서 "가설적으로"나마 모든 믿는 사람을 구속하시기로 작정하셨다는 것은 아르미니우스주의를 반영했다고 볼 수 있으며, 동시에 하나님께서 택한 사람들, 즉 믿음을 주시기로 작정하신 사람들만을 구원하신다는 점은 정통 개혁주의의 입장을 반영한 것이다. 하지만 궁극적으로 이러한 입장으로는 아르미니우스주의와 개혁주의 양측 어느 쪽도 만족시킬 수 없었다. 아미로에게 믿음이란 선택의 결과였지만, 아르미니우스에게 믿음은 선택의 원인이자 근거였다.[23] 또한 아미로는 그리스도께서 잠정적 혹은 가설적으로는 모두를 위해 죽으셨다고 할 수 있다고 생각한 반면, 도르트의 학자들은 "그리스도의 희생이 모든 사람들을 위해 충분하나 오직 택자만을 위해 유효한 것"이므로, 결국 "그리스도께서는 자신의 택한 백성만을 위해서 죽으신 것"이라고 강조했다.[24]

더욱이 아미로는 그의 스승인 존 카메론을 따라, 모세를 통하여 하나님께서 주신 율법 언약이 성경의 다른 언약, 특히 자연언약과 은혜언약과는 다른 종류의 언약이라고 생각했다. 여기서 아미로의 주장을 제대로 이해하려면 언약신학의 역사를 간단히 살피는 것이 필요하다. 언약이라는 단어는 성경에서 자주 쓰이고 있다. 호세아 6:7은 "그들은 아담처럼 언약을 어기고 거기에서 나를 반역했느니라"고 말씀한다. 아담처럼 언약을 어겼다는 것은 아담이 언약관계 속에 있었다는 것을 암시한다. 성경 창세기에 보면, 하나님께서는 첫 사람 아담에게 에덴동산을 다스리고 관리하면서 살도록 하시면서 선악을 알게 하는 나무의 열매는 먹지 말라고, 먹는 날에는 반드시 죽으리라고 하셨다. 이것은 인간적으로 말하면 일종의 계약 혹은 약속과도 같은 것인데, 성경은 하나님과 아담이 계약을 체결하고 상호 약속관계 속에 있는 모습을 일컬어 언약이라고 부른다. 또한 성경은 하나님께서 아브라함과 이삭과 야곱으로 더불어 언약을 맺으셨다고 증거한다(창 17:7; 레 26:42). 하나님께서는 아브라함에게 후손을 주시겠다고 약속하셨으며 그 후손이 하나님의 백성으로서 가나안 땅을 차지할 것이라고 약속하시면서 언약의 증표로 할례를 행하도록 하셨다. 또한 하나님께서는 모세를 통하여 이스라엘과 언약을 맺으셨다(신

29:1). 모세의 율법언약을 통하여 하나님께서는 이스라엘 백성의 하나님이 되시기로 했으며, 이스라엘 백성은 하나님의 선민이 되어 율법을 지켜야 할 의무와 책임을 가지게 되었다. 그 외에도 하나님께서는 다윗과 언약을 맺으셨고(렘 33:21), 나중에 이스라엘 백성들이 옛 언약을 어긴 대가로 포로생활을 할 때에는, 새로운 언약을 체결할 것이라고 예언하기도 하셨다(렘 31:31). 그리고 예수님께서는 더 좋은 언약, 즉 새로운 언약의 보증이 되신다(히 7:22).

이처럼 성경에서 언약에 대해 말씀하고 있기 때문에, 신학자들은 자연스럽게 언약에 대해서 말하게 되었다. 하지만 언약에 대한 언급만으로 하루아침에 성숙한 형태의 언약신학이 정립된 것은 아니었다. 예수님의 부활과 승천 이후로부터 중세 시대에 이르기까지 많은 신학자들이 언약에 대하여 언급했으나, 그 중에서도 언약신학의 인지도를 높이는 데에 공헌한 사람은 가브리엘 비일(Gabriel Biel, 1410-1495)이라는 중세 말기 신학자였다.[25] 그는 언약이라는 개념을 그의 신학에서 중요하게 사용했다. 그는 사람이 아무리 최선을 다해도 하나님의 기준에 도달하기에는 부족하지만 그래도 하나님께서 자신에게 주신 것, 이미 있는 내면의 자질을 가지고 최선을 다하는 그 사람에게는 하나님께서 반드시 은혜를 주신다고 약속 혹은 언약을 하셨다고 주장했다. 여기서 우리는 언약이라는 개념이 중세의 공로주의 신학과 연결되어서 사용되었다는 사실을 발견할 수 있다.

종교개혁자 마르틴 루터는 가브리엘 비일에 대해서 매우 잘 알고 있었다. 루터의 친구이자 후계자인 멜랑흐톤의 증언에 따르면, 루터는 비일의 작품 몇 쪽에 무슨 내용이 있는지를 다 외우고 있을 정도로 비일의 신학에 대해서 통달하고 있었다.[26] 종교개혁 이후에 루터가 비일의 신학과 결별하기는 했지만, 그래도 루터는 언약신학 자체를 완전히 버리는 데에 이르지는 않았고, 그리하여 종교개혁 이후 개신교 신학자들이 성경적인 언약신학을 발전시킬 수 있는 기반이 마련되었다.[27]

루터 이후, 본격적으로 언약신학을 발전시킨 이는 종교개혁자 훌드리히 츠빙글리(Huldrych Zwingli, 1484-1531)의 후계자 하인리히 불링거(Heinrich Bullinger, 1504-1575)였다. 불링거는 무엇보다도 유아세례를 인정하지 않는 사람들을 논박하는 데 언약신학을 사용했다. 하나님께서 신약과 구약을 통틀어서 사람들과 맺으신 모든 언약은 본질상 하나이고 통일성이 있다. 그런데 하나님께서는 아브라함과 언약을 맺으실 때 그의 집안과도 할례의 언약을 맺으셨다. 그러므로 예수를 구주로 믿는 사람은 그의 집안도 하나님과의 언약을 체결한 것이며, 따라서 유아세례는 정당하다는 논리가 성립된다.[28]

불링거와 동시대에 살았던 종교개혁자 칼뱅 역시도 제네바에서 나름대로의 언약신학을 발전시켰다.[29] 그리고 칼뱅의 언약신학은 그와 직접적 혹은 간접적으로 연결된 두 명의 신학자를 통하여 그 열매를 맺게 된다. 우르시누스는 1562년에 출판한 『신학총론』(*Summa Theologiae*)이라고도 불리는 그의 대요리문답서 제10문과 제36문에서 타락 전 아담은 하나님과 언약을 맺었다는 점을 지적하고, 이를 "자연언약"(*foedus naturalis*)이라고 일컬었다.[30] 우르시누스는 다음과 같이 쓴다.

제10문 하나님의 율법은 무엇을 가르칩니까?

답: 창조 시에 하나님께서는 사람과의 언약을 시작하셨음을 가르치고, 그 계약을 지켜서 그로 말미암아 사람이 스스로를 보존했는지에 대해서 가르칩니다. 그리고 그 이후에 하나님께서 새로이 사람과 체결하시는 은혜 언약을 통해서 무엇을 요구하셨는지를 가르칩니다. 즉, 하나님으로 말미암아 사람이 어떤 상태에 있었으며, 그의 타락한 상태는 어떠했는지를 가르칩니다. 그리고 어

떤 계약으로 그의 삶이 하나님과 화목되어야만 하는지에 대해서

가르쳐 줍니다.

제36문 율법과 복음은 어떻게 구별됩니까?

답: 율법은, 창조 시에 하나님으로 말미암아 사람들에게 도입된

자연 언약, 즉 인간이 본성적으로 아는 것을 포함하고 있습니다;

그리고 그럼으로써 율법은 하나님께 완전하게 복종할 것을 우리

에게 요구하고, 탁월한 복종에는 영생을 약속하고, 탁월하지 못

하면 영원한 형벌로 위협받도록 합니다. […][31]

여기서 우리는 아담이 하나님과 언약관계에 들어가 있었다
는 것과, 그 언약이 자연언약이라고 불린다는 것을 알 수 있
다. 요즘은 이 자연언약을 보통 행위언약(Covenant of Works)
이라고 부른다. 에덴동산 모든 나무의 열매를 자유롭게 먹어
도 좋지만 선악을 알게 하는 나무의 열매는 먹으면 안 된다고
하신 하나님의 명령을 지키면 살고, 그렇지 않으면 죽는다는
의미에서 행위가 생명의 조건이기 때문이다.

첫 사람 아담에게 하신 언약은 행위로서 생명을 보존하라
는 언약이었다면, 아담이 죄를 지은 이후에 하나님께서 약속

하신 구원의 길은 행위로 스스로를 구원하는 것이 아니라 은혜로 구원을 받는 것이었다. 위에 인용된 요리문답에서 보듯이, 우르시누스는 이 둘 사이를 이미 구분하고 있다. 아담의 타락 이후에 창세기 3:15에서 시작하여 성경 전체를 관통하는 약속, 즉 하나님께서 여자의 후손인 구세주를 보내실 것이고 그 구세주인 예수 그리스도를 바라보고 믿음으로써 값없이 의롭다함을 받아서 구원을 받는다는 약속은 타락 전의 행위언약과는 차별화되는 것이었다. 그리스도의 은혜로 구원받는다는 것이 이 새로운 언약의 핵심이므로, 우르시누스를 비롯한 많은 신학자들은 이 언약을 "은혜언약"(*foedus gratiae*)이라고 불러왔다.

그런데 문제는 모세의 율법언약이다. 하나님께서 모세에게 주신 율법은 "이를 행하라 그리하면 살리라"고 말씀한다. 그렇다면 율법언약은 자연언약의 부활인가, 아니면 자연언약이 아닌 은혜언약에 속하는 것인가? 언뜻 보기에는 율법언약은 행위를 강조하므로 은혜언약에 포함되지 않는 것처럼 보일 수 있다. 비단 17세기 신학자들뿐만이 아니라, 오늘날 활동하는 신학자들 사이에서도 그러한 의문을 제기하는 이들이 있다. 그래도 개혁주의 전통에서는 모세 율법을 기본적으로 은혜언약에 포함시키는 편이다.

하지만 존 카메론과 모아제 아미로는 율법언약을 은혜언약에 포함시키지 않는다. 그렇다고 해서 율법언약을 자연언약에 포함시키는 것도 아니다. 그들이 보기에 모세의 율법은 은혜언약도 아니고 자연언약도 아닌 제3의 언약이었다. 율법언약은 하나님께서 이스라엘 백성들과 체결하신 것으로서 외형상으로는 자연언약에 가깝지만 자연언약보다 피해 보상의 규정이 훨씬 자세하며 훨씬 큰 두려움을 주는 힘든 것이라고 생각했다.[32]

적지 않은 17세기 정통 개혁신학자들이 소뮈르 학파의 이 같은 독특한 의견들에 대해 우려를 표명했다. 당시 프랑스를 대표하는 개신교 신학원 중 하나라고 할 수 있는 세당(Sedan) 아카데미에서 가르치던 피에르 뒤 물랭(Pierre du Moulin, 1568-1658)은 아르미니우스주의뿐만 아니라 아미랄드주의도 공격했다.[33] 1675년 취리히의 요한 하인리히 하이데거(John Heinrich Heidegger, 1633-1698)는 『스위스 일치 신조』(*Helvetic Consensus Formula*)라고 보통 알려졌고 『보편 은혜론과 관련 주제들에 관한 스위스 개혁 교회의 일치 신조』(*Formula Consensus Ecclesiarum Helveticarum Reformatarum, circa Doctrinam de Gratia universali*

& connexa)라는 원제목이 붙은 그의 작품에서, 모아제 아미로 뿐만 아니라 루이 카펠과 조쉬에 들 라 플라스의 주장도 반박했다. 제네바와 네덜란드 레이든에서 활동한 프리드리히 슈판하임(Friedrich Spanheim, 1600-1649)과, 프랑스에서 태어났고 네덜란드에서 활동했던 안드레아스 리베투스(Andreas Rivetus, 1572-1651)도 아미랄드주의에 대항하여 반대의 목소리를 내었다.[34]

물론 어떤 사람들이 오해하는 것처럼, 당시 소뮈르 학파가 이단이라고 평가받거나 개혁주의 진영에서 내놓은 집단으로 완전히 낙인찍힌 것은 아니었다.[35] 실제로 예정론에 대한 모아제 아미로의 글을 읽어보면, 예정과 택함 받음이 순전히 하나님의 은혜와 사랑에 힘입은 것임을 대체로 성경을 토대로 납득되도록 서술하는 편이다.[36] 그리고 스위스 일치 신조를 적극적으로 지지한 신학자 프랑수아 투레티니는 아미로의 보편 은혜론에 대해, 개혁주의 진영 내에서 의견차이가 있는 부분이기는 하지만 그렇다고 해서 구원문제가 달려있는 본질적인 차원에서의 논쟁거리는 아니라고 평가했다.[37] 실제로 투레티니는 모세 언약을 행위언약이나 은혜언약과는 구별되는 제3의 언약으로 보는 아미로 및 그의 스승 카메론과 의견을 달리 하면서도, 그들을 대적으로 생각하지 않고 "가장 박식한 아미로"(Doctiss. Amyraldus), "명성이 있는 카메론"(vir celeb. Camero)등과 같은 공손한 표현을 사용했다.[38]

둘째로, 같은 신앙고백을 공유하며 동일한 개혁신학 전통에 속한 신학자들끼리의 의견 충돌이 있었다. 대표적인 것이 요하네스 코케이우스(Johannes Cocceius, 1603-1669)와 히스베르투스 푸치우스(Gisbertus Voetius, 1589-1676), 그리고 사무엘 마레시우스(Samuel Maresius, 1599-1673) 사이에 벌어진 신학논쟁이다. 특히 17세기에 네덜란드에서는 이들 사이의 논쟁이 교회적으로나 국가적으로나 매우 중요한 위치를 차지하고 있었다. 빌렘 판 아셀트 같은 학자는 전성기 정통주의 시절 네덜란드 신학를 크게 (1) 마레시우스와 슈판하임의 전통적인 신학, (2) 푸치우스와 그의 신학적 후계자들, (3) 코케이우스주의, 이 세 가지로 분류한다.[39]

코케이우스는 브레멘에서 공부했고, 이후 네덜란드 프라네커(Franeker) 대학교에서 가르치다가 자리를 옮겨 네덜란드 레이든(Leiden) 대학교에서 가르치게 되었다. 그는 고전어에 능통했고, 원어로 성경을 연구하고 주석하며 법률 용어를 사용하여 언약신학을 체계화 하는 일에 큰 족적을 남겼다. 대표 저서로는 『하나님의 언약에 대한 교리개관』(*Summa doctrina de foedere et testamento Dei*)이 있다. 하지만 그는 구속 역사의 발전과 십자가의 중심성을 너무 강조한 나머지 구약 성도의 상태가 신약 성도의 그것보다 다소 열등했다고 주장하기도 했다. 구약에서 성도가 의롭다하심을 받는 것은 아직 죄를 위한 그리스도의 영원한 제사가 바쳐지기 전이므로 죄를 아직 본질적으로 없애지 못하며, 따라서 구약의 죄용서는 죄를 "간과하심"(πάρεσις)의 차원에서 이해되어야 한다.[40] 반면에 신약에서 그리스도의 십자가 사건이 있은 이후에는 완전한 죄용서(άφεσις)가 도입되었다.[41]

구속 역사의 점진성에 대한 이러한 강조는 아브라함 헤이다누스(Abraham Heidanus, 1597–1678)와 프란츠 부어만(Franz Burmann, 1632–1679)에게 계승된다. 헤이다누스는 레이든에서 가르치면서, 코케이우스의 주장에 발맞추어 구약의 안식일과 신약의 주의 날의 불연속성에 대해 강조했다. 헤이다누스에 따르면, 안식일은 "유대교적이고 육신적인" 것이고, 주의 날은 "신령하다."[42] 구약의 안식일은 영원한 규례가 아니라 구약의 제사처럼 일시적인 역할을 하는 의식법이므로, 주일은 유대교적이고 의식법적인 안식일과는 차이가 있다는 것이다. [43] 당연히 이러한 주장은 기독교가 사실상 국교나 다름 없었던 당시 네덜란드에서 큰 파장을 일으켰다. 헤이다누스의 주장이 맞다면, 교회에 출석하는 절대 다수의 네덜란드 국민들이 주일에 교회에 가서 예배를 드린 후에 어느 정도 자유롭게 일을 하거나 여가생활을 즐긴다고 해도 신학적으로 전혀 문제될 것이 없기 때문이다. 또한 헤이다누스는 데카르트 철학에 대해서 수용적인 자세를 취했다. 데카르트 철학이 신학자들 사이에 논란거리가 되면서 네덜란드 위정자들은 교회와 사회를 분열시키는 데카르트 철학을 학교에서 가르치지 말라는 명령을 내렸다. 하지만 헤이다누스는 데카르트 철학을 가르치지 말라는 명령에 불복했고 그 결과 교수직에서 해임되기도 했다. 프란츠 부어만의 경우는 헤이다누스처럼 적극적으로 논쟁에 가담하지는 않았다. 하지만 그의 신학은 대체로 코케이우스에 가까웠다. 부어만은 네덜란드 우트레흐트(Utrecht) 대학에서 가르치면서 『신학편람』(*Synopsis theologiae*)을 출판했는데, 이 책은 코케이우스의 구속 역사 발전이론의 관점에서 조직신학을 서술한다는 특징이 있다.

코케이우스를 따랐던 헤이다누스나 부어만과는 달리, 푸치우스와 마레시우스는 코케이우스의 신학 사상을 비판했다.

사실 코케이우스라는 공공의 적이 나타나기 전까지 푸치우스와 마레시우스는 서로 생각도 달랐고 사이도 그다지 좋지 못했다. 1640년대에서부터 이미 푸치우스와 마레시우스는 의견 차이를 보이기 시작했다. 푸치우스는 1642년 "간접적으로 참여하는 우상숭배"라는 글에서 직접적인 우상숭배만이 우상숭배가 아니라는 점을 강조하면서, 로마 교황이 자신은 마리아의 형제이며 교회는 마리아의 가족이라고 한 표현이야말로 마리아에 대한 우상화의 배경에서 비롯된 것이므로 폐기되어야 하고, 개신교회나 개신교 영주들이 그런 미신적인 명칭을 가져다가 교회와 성도를 지칭하거나 그러한 표현을 사용하면서 의례를 강요해서는 안 된다고 주장했다.[44] 그런데 마레시우스는 평소 로마 가톨릭에 대해서 매우 부정적이었으면서도 이 문제에 있어서는 푸치우스만큼 엄격하지는 않았다.[45] 결국 이 일이 계기가 되어 푸치우스와 마레시우스 간의 신학 전반에 걸친 논쟁이 벌어지게 되었다. 마레시우스는 예수님께 기도하는 것이 정당하다고 했던 반면, 푸치우스는 예수 그리스도의 인성이 아니라 신성을 따라서만 그분께 기도하고 경배하는 것이 괜찮은 것이라고 생각했다.[46] 푸치우스와 그의 동료들은 엄격한 형태의 주일 성수를 강조한 반면, 마레시우스는 그보다는 온건한 입장을 취했다.[47] 또한 하나님에 대한 교리에 있어서도 서로의 의견 차이가 있었는데,[48] 그 중 하나가 예정론이었다. 마레시우스는 타락 전이 아닌 타락 후에야 하나님께서 구원받을 백성을 정해놓으셨다는 의견을 견지하면서, 푸치우스가 타락 전 선택설과 타락 후 선택설을 조화시키려고 시도하는 것을 비판했다.[49]

또한 흥미로운 것은 대부업에 대한 견해 차이가 두 신학자의 관계를 악화시키는 데 한 몫을 했다는 점이다. 17세기는 네덜란드의 국력이 절정에 이르렀던 시기였다. 물론 그렇다고 해서 모든 네덜란드 국민이 잘 사는 것은 아니었고, 약 10% 정도는 사회복지제도의 도움을 필요로 하는 사람들이었다.[50] 그러한 상황에서 푸치우스는, 돈을 빌려주면서 높은 이자를 요구하는 것은 심각한 죄악이며, 따라서 고리대금업자는 성찬에도 참여할 수 없다고 주장했다.[51] 반면 레이든 대학에서도 가르친 적이 있는 저명한 고전문헌학자 클로디우스 살마시우스(Claudius Salmasius, 1588-1653)는 국가 차원에서 대부업을 관리하고 통제하기만 한다면 이자를 받고 돈을 빌려주는 것이 문제될 것은 없다고 생각했고, 마레시우스는 살마시우스의 편을 들면서 대부업에 종사한다고 해서 성찬에 참여할 자격을 박탈당해야 하는 것은 아니라고 주장했다.[52] 더욱이 마레시우스는 칼뱅도 이자제도에 대해 긍정적인 태도를 취했다고 보았다.[53] 하지만 푸치우스는 마레시우스가 이 점에서 큰 오류를 범하고 있다고 보고, 함께 이자제도에 대항했던 그의 아들 파울루스 푸치우스의 글을 통해 마레시우스를 강하게 비판했다.[54] 이에 격노한 마레시우스는 푸치우스의 신학이 모순으로 가득 차 있다고 하면서 푸치우스에게 "모순적인 신학자"(*Theologus Paradoxus*)라는 별명을 붙여주었다.[55] 바빙크는 마레시우스가 푸치우스를 "모순적인 신학자"라고 부른 것이, 푸치우스의 스콜라주의에 대한 반작용인 것처럼 묘사하고 있지만,[56] 서로 간의 자존심 및 감정 대결에서 비롯되었다고 보는 것이 더 사실에 가까울 것이다.

하지만 마레시우스와 푸치우스가 상호 화해가 불가능할 정도로 서로 다른 신학을 주장한 것이 아니었기에, 1661년경에 중재를 거쳐 공식적으로 화해하게 된다.[57] 이러한 화해의 이면에는 코케이우스주의를 견제해야 한다는 공통된 관심이 상당히 작용했을 것이라고 추측해볼 수 있다. 일단 1662년경부터 마레시우스는 코케이우스주의자들이 족장 시대의 교회와 구약 율법 시대의 교회, 그리고 신약 시대의 교회를 엄격하게 구별하는 것에 대해서 거부감을 드러내기 시작했다. 당시 빌헬무스 몸마(Wilhelmus Momma, 1642–1677)라는 코케이우스주의자가 레이든 대학에서 위의 3가지 시대 구분에 대해 공개적으로 발표했는데, 이에 대해 마레시우스가 반발하자 코케이우스가 나서서 자신의 입장을 밝힘으로써 마레시우스는 일단 물러섰다.[58] 하지만 흐로닝엔(Groningen) 대학에서 같이 가르치던 야코부스 알팅(Jacobus Alting, 1618–1679)이 코케이우스주의에 물든 나머지 안식일 계명은 구약에서만 유효하다고 주장하자, 마레시우스는 또다시 코케이우스 신학에 대해서 우려를 표명했다.[59] 게다가 헤이다누스와 같은 일부 코케이우스주의자들이 데카르트 철학을 신학에 접목시키자 마레시우스는 더욱더 코케이우스주의를 경계하게 되었다. 이러한 경계심은 그의 저서 『데카르트 철학의 남용』(*De abusu philosophiae Cartesianae*)에서 특히 잘 나타난다.[60]

한편 푸치우스 학파는 코케이우스 구속 역사 발전이론의 지나친 면을 주로 논박했다. 푸치우스는 구약과 신약의 죄 사함을 구분하는 코케이우스의 입장을 거부하고 구약과 신약의 통일성을 강조했다. 즉 푸치우스는 아브라함, 모세, 다윗 등과 같은 구약의 성도들이 오실 그리스도의 속죄의 혜택을 신약 성도들과 본질상 동일하게 받아 누렸다고 주장했다.[61] 비록 푸치우스가 토요일마다 성경과 신학을 가르쳤던 내용들을 모아서 출판한『신학논쟁선집』(*Selectarum disputationum theologicarum*)에서는 이 같은 내용이 코케이우스를 겨냥한 것이 아니라 소키누스주의(Socinianism)를 겨냥한 것처럼 묘사되어 있지만, 실제로는 소키누스주의와 코케이우스주의 모두를 비판하는 내용이다. 푸치우스와 가까운 사이였고 코케이우스와 함께 레이든에서 가르쳤던 요하네스 호른벡(Johannes Hoornbeeck, 1617-1666)은 코케이우스와 헤이다누스가 안식일 계명이 신약에서는 그 수명을 다했다고 주장하는 것을 비판했다. 푸치우스와 호른벡이 코케이우스 비판의 포문을 열었다면, 그들의 제자인 멜키오르 레이데커(Melchior Leydekker, 1642-1721)는 스승의 뜻을 계승 발전시켜서 코케이우스주의를 매우 정밀하게 조목조목 논박하는 저서인『진리의 능력』(*Vis veritatis*)을 출판했다.[62] 그리고 레이데커와 함께 푸치우스의 후계자로서 우트레흐트 대학교 교수로 재직했던 페트루스 판 마스트리히트(Petrus van Mastricht, 1630-1706)도 푸치우스의 뒤를 이어서 코케이우스주의를 논박했다.[63]

　시간이 지나면서 코케이우스와 푸치우스, 그리고 그 둘을 따르는 신학자들 간의 다툼은 점점 과열되었다. 특히 네덜란드에서 그러했는데, 그것은 무엇보다도 어떤 코케이우스주의자가 익명으로 출판한 소책자 때문이었다. 그 책의 제목은 『구약과 신약의 속죄를 구분함에 대한 심각한 논란의 상태』(*De staet des gemeynden verschils over het onderscheyd der vergevinge der Sonden onder het Oude en Nieuwe Testament*)[64]였다고 하는데, 지금은 이 책이 소실되어 정확한 내용을 알 수 없는 실정이다. 레이데커에 따르면, 이 책은 코케이우스주의를 지지하지 않는 사람들에 대한 모욕적인 언사가 담겨 있었다고 한다. 예를 들면, 코케이우스주의를 받아들여야만 하나님께 제대로 감사할 근거를 찾을 수 있는데도 불구하고 푸치우스주의자들은 그렇게 하지 않음으로써 하나님의 진노가 네덜란드에 내리도록 하고 있다는 식으로 비판했다고 한다.[65] 1670년대에 접어들면서 네덜란드는 국력이 다소 쇠퇴했는데, 그 이유는 영국과의 전쟁에서 패배한 이후 또 프랑스와 전쟁을 치르다가 다시 수세에 몰렸기 때문이었다. 그런 상황에서 나온 이 같은 모욕적인 언사는 '네덜란드의 황금시대가 저물어가는 것은 푸치우스주의자들의 책임이다'라는 식의 발언으로 들릴 수 있었고, 이에 격노한 푸치우스주의자들은 코케이우스주의자들과 한층 더 격렬한 논쟁을 벌이게 된 것으로 보인다.

푸치우스주의자들과 코케이우스주의자들의 대립이 심해지면서, 그들 사이의 갈등과 논쟁은 교회뿐만 아니라 네덜란드 정치권에서도 중요한 문제로 다루어지게 되었다. 레이데커의 고향인 미델부르크(Middelburg)의 경우가 대표적이다. 당시 미델부르크 교회를 목회하던 페트루스 코르네(Petrus Coorne)는 푸치우스를 따르는 사람이었다. 그런데 그가 세상을 떠나자, 코케이우스파에 속한 시의회(*collegium qualificatum*) 의원들이 손을 써서 후임으로 코케이우스주의자인 몸마를 청빙하기로 결정했다. 그런데 푸치우스주의자였던 레이데커의 아버지는 이 상황을 보고만 있을 수 없어서 네덜란드 국왕인 빌렘 3세(Willem III)에게 호소했다. 그로 인해 몸마의 청빙은 취소되었고, 몸마를 청빙했던 코케이우스주의자들은 시의회에서 해임되었다. 하지만 이 때 해임된 코케이우스주의자들을 빌렘 왕의 사촌이자 경쟁자였던 카시미르 2세(Casimir II)가 받아들였고, 그 결과 카시미르의 영지 안에서는 코케이우스주의가 번성하게 되었다.[66]

한편, 이와 같이 많은 신학자들이 편을 나누어 격렬한 논쟁을 벌이고 있었던 와중에서도 두 학파 사이에서 중도적인 입장을 견지하면서 갈등을 완화시켜보려는 신학자들이 있었다. 『스위스 일치 신조』의 저자이며 취리히에서 활동한 요한 하인리히 하이데거와 헤르만 비트시우스(Herman Witsius, 1636-1708)가 대표적인 중도 노선의 신학자들이다. 하이데거의 경우, 그의 『기독교 신학 본론』(*Corpus theologiae Christianae*)에서 코케이우스파의 구속 역사 발전 이론에 대하여 우선적으로 동조하면서도, 그리스도의 속죄는 언제나 본질상 동일했다는 푸치우스의 통찰을 무시하지 않는 방식으로 자신의 신학 체계를 세웠다. 비트시우스의 경우는 프라네커(Franeker)와 레이든에서 가르쳤고, 『하나님께서 사람과 세우신 언약의 경륜』(*De oeconomia foederum Dei cum hominibus*)이라는 저서를 통해서 언약신학의 체계화와 발전에 공헌했다(이 책은 *The economy of the covenants between God and man*라는 제목으로 영어로 일찍이 번역되기도 했다). 흥미롭게도, 이 책에서 비트시우스는 신구약의 통일성을 강조하는 푸치우스의 주장과 궤를 같이 하면서도 코케이우스 학파의 용어들을 사용하기도 한다.

이와 같이 코케이우스와 푸치우스, 그리고 마레시우스 사이에 있었던 논쟁의 복잡한 지형도를 살펴보면, 17세기 신학자들은 종교개혁자들보다 훨씬 더 세부적인 문제를 놓고 씨

름하고 있었음을 어렵지 않게 알아차릴 수 있다. 코케이우스와 푸치우스 사이의 의견 차이는 아주 세밀한 것이어서, 칼뱅이나 불링거, 심지어는 베즈가 구약의 그리스도에 대해서 종합적으로 써놓은 것만으로는 그 둘 사이의 차이를 다 설명할 수 없고 논쟁의 종지부를 찍을 수 없을 정도였다. 이 점에서 17세기 신학은 16세기를 계승할 뿐만 아니라 16세기 신학을 세분화·다양화하고 이를 심화시켰다.

끝으로 17세기는 무엇보다도 개신교가 완전히 자리를 잡게 된 시기였다는 점을 기억해야 한다. 16세기 개신교는 비교적 초창기에 있었고, 많은 경우에 생존 자체를 염려해야 하는 상황이었기 때문에 17세기처럼 신학 전반을 깊이 있고 체계적으로 다루기에는 무리가 있었다. 하지만 17세기에 이르러서는 개신교가 완전히 뿌리를 내리게 된다. 개신교가 뿌리를 내렸다는 것은 첫째로는 개신교 영주의 등장, 둘째로는 개신교 대학의 설립과 발전, 그리고 마지막으로는 개신교 영주의 비호 하에 각 교파와 지역과 학교별로 만들어진 신앙고백을 통해서 명백해진다.

사실 종교개혁 시대에도 이미 많은 신앙고백서들이 작성되었다. 하지만 17세기의 신앙고백들은 이전에 만들어진 신앙고백서들을 잘 활용했을 뿐 아니라 필요에 따라 수정 및 보완을 거쳐 종교개혁 신학을 조직적이면서도 일목요연하게 제시함으로써 오늘날 존재하는 주요 교단들의 토대를 닦았다. 오늘날 대다수의 교단은 신조를 사용하고 있는데, 그 신조 중에서 다수가 16세기 말에서 17세기 사이에 작성되었다는 점은 괄목할 만하다. 예를 들어, 루터교회의 정체성을 결정한 일치 신조는 1577년에 작성되었다. 그리고 개혁파 교단의 정체성을 결정하는 3개의 신조도 이 시대에 작성되었다. 1561년에 귀도 드 브레(Guido de Bres)가 쓴『네덜란드 신앙고백서』(*Confessio Belgicae*)[67], 1563년에 쓰인『하이델베르크 요리문답』(*Heidelberger Katechismus*), 그리고 1618-1619년에 작성된『도르트 신조』(*Canons of Dordt*)가 그러하다.

아마도 17세기에 만들어진 신앙고백 중에서 한국에 가장 널리 알려진 것은 1640년대에 작성된 웨스트민스터 신앙고백서(*Westminster Confession of Faith*)일 것이다. 웨스트민스터 신앙고백서는 개혁교회의 3가지 신조의 터 위에서 장로교단의 정체성을 확립하는 계기가 되었다. 이 신조를 작성한 사람들 중에서는 뛰어난 신학자들이 다수 포진되어 있었다. 웨스트민스터 신앙고백서를 만들어낸 웨스트민스터 대회의 초대 의

장 윌리엄 트위스(William Twisse, 1578-1646)는 당대에 저명한 신학자였다. 그는 『하나님의 섭리로서의 은혜구속의 가능성』(*Vindicae gratiae potestatis ac providentiae Divinae*)이라는 책에서, 하나님께서 죄를 사해주시려면 언제나 죄에 상응하는 형벌이 있어야만 되는 것은 아니며, 하나님의 면죄 의지만 있으면 속죄를 받을 수 있다고 주장했다. 물론 후대에 어떤 신학자들은 이러한 주장이 소키누스주의자들에 의해 악용될 수 있다고 보고 반론을 제기하기도 했다. 또한 트위스는 타락 전 선택설을 주장한 것으로도 유명하다. 또한 웨스트민스터 대회에 스코틀랜드 대표로 참석한 정통주의 신학자들 역시도 상당히 명망 있는 신학자들이었다. 조지 길레스피(George Gillespie, 1613-1648)는 『아론의 싹난 지팡이』(*Aaron's Rod Blossoming*)라는 책에서, 세속 위정자들은 교회에 간섭하는 것을 비상시 외에는 삼가야 한다고 주장했다. 사무엘 러더퍼드(Samuel Rutherford, 1600-1661)는 『법, 왕』(*Lex, Rex*)에서, 왕이라도 철저하게 하나님의 법에 따라서 다스려야 하며 그렇지 않고 폭정을 행할 경우에는 왕으로서의 자격이 없다고 주장했다. 그들의 이러한 사상은 웨스트민스터 신앙고백서의 배경이 되는, 소위 "청교도 혁명"이라고 불리는 영국 내전 당시 사람들의 많은 지지를 얻었다.

　물론 17세기에 만들어진 신조들은 웨스트민스터 신앙고백서 외에도 많이 있다. 아일랜드에서 영국 성공회 사제로 활동했고 성경의 족보를 문자 그대로 계산함으로써 아담이 살았던 시기를 추산하고자 했던 시도로 유명한 제임스 어셔(James Ussher, 1581-1656)는 후에 웨스트민스터 신앙고백서의 작성에 큰 영향을 끼친 "아일랜드 신조"(*Irish Articles of Religion*)를 만들었다. 그때가 1615년이었다. 사실 어셔는 웨스트민스터 신조를 만들기 위한 대회에도 초청을 받았으나 왕당파로서 자신의 소신을 지키기 위해 참석하지 않았다. 한편 1658년에는 장로를 통한 교회정치제도에 동의하지 않는 토마스 굿윈(Thomas Goodwin, 1600-1680)과 존 오웬(John Owen, 1616-1683) 등의 신학자들이 따로 모여 웨스트민스터 신앙고백을 회중교회의 입장에서 수정한 사보이 선언(Savoy Declaration)을 채택했다. 침례교는 침례교대로 1689년 『제2차 런던신앙고백서』(*The Second London Confession*)를 통하여 교단의 정체성을 공고히 했다. 성공회의 경우에도 성공회의 핵심 신앙고백인 『39신조』가 1563년에 작성되고 1571년에 개정되었으며, 엘리자베스여왕 시대의 성공회가 무엇을 믿었는지 잘 보여주는 『램베드 신조』(*Lambeth*

Articles)도 1595년에 작성되었다.

그런데 이렇게 다양한 신조가 작성된 데에는 정치적인 이유가 있다는 점을 기억해야 한다. 신조는 당시 교회와 사회의 화두를 반영하여 잘 정리해놓은 문서임과 동시에, 각 지역과 국가의 종교적 정체성의 표준을 결정짓는 문서였다. 정치와 종교가 아직 엄격하게 분리되지 않은 상황에서, 신앙고백서는 일종의 헌법이요, 국가의 정체성과 국민통합을 결정하는 중요한 문서였다. 따라서 신조를 어기는 것은 마치 오늘날 대한민국의 국가보안법을 위반하는 것과도 같았다. 따라서 17세기에 개신교 종교개혁이 자리를 잡게 되면서 개신교 영주들은 자연스럽게 자기 영지에서 활동하는 신학자들로 하여금 신조를 작성하도록 했고, 그렇게 함으로써 자기가 다스리는 지역의 종교적 통일성을 도모했다. 그러나 이성의 시대인 18-19세기를 거치면서 신조는 사회에서 그 권위를 상당 부분 상실했고 국가의 정체성은 신조보다는 민족이라는 정체성을 앞세웠다. 21세기를 살고 있는 우리가 17세기를 이해하려면, 이러한 차이를 염두에 두어야만 할 것이다.

더 깊이 있는 공부를 위한 참고 자료

제1장 신학자들의 발자취를 따라서: 여정의 시작 프랑스 파리

Abraham sacrifiant, https://archive.org/details/abrahamsacrifian00bzuoft. 박건택 편역,『종교개혁 사상 선집』, "제사하는 아브라함", 서울: 솔로몬, 2009, 715–772.

– 베즈가 로잔에서 재직하고 있을 때, 학교 졸업식에 사용하려고 1550년에 지은 시입니다.

"Annotationes majores" in *Novum Dn. Nostri Jesu Christi Testamentum*, Geneva, 1565, 1582, 1594.

http://dx.doi.org//10.3931/e-rara-6189;

http://dx.doi.org//10.3931/e-rara-6463;

http://dx.doi.org//10.3931/e-rara-3220.

– 베즈는 일생동안 신약을 번역하고 그에 대한 주석을 저술했으며, 위의 주소로 들어가 보면 읽을 수 있습니다. 그리고 이 책 일부를 원전 맛보기에 번역해 놓았습니다.

Bèze, Théodore., *Du droit des magistrats*.
http://gallica.bnf.fr/ark:/12148/bpt6k54456p.image.
f2.vignettesnaviguer.
− 이것의 일부가 "신하들에 대한 위정자의 권한"이라는 제목으로 번역되어 박건택 역, 『종교개혁 사상 선집』. 솔로몬, 773-823에 수록되어 있습니다. 이 책에서 베즈 는 "경건과 자비"라는 기준에 벗어나지 않는 범위 내에서 위정자들의 권세와 명령에 복종되어야 한다고 강조했습니다. 그러므로 폭군에 대한 저항은 정당하며, 왕이 언 약의 의무를 이행하지 않고 어길 때, 삼부회는 왕을 면직시킬 수 있는 권한을 갖는다 는 것입니다.

Bèze, Théodore., *Summa totius chirtianismi*, Geneva, 1555.
http://rscottclark.org/2014/02/bezas−summa−totius−
christianismi 또는 A Complete Summary of Christianity, William
Wittingham 역, Nancy A. Almodovar 편집.
− 베즈가 쓴 기독교 교리책입니다.

Beza, Theodore., 김동현 역, 『존 칼뱅의 생애와 신앙』, 서울: 목회 자료사, 1999.
− 베즈가 쓴 칼뱅 전기입니다.

Manetsch, Scott M., "Theodore Beza and the quest for peace in France, 1562−1598." Ph.D. thesis, University of Arizona, 1997.
− 이 논문을 읽으면 베즈의 생애와 프랑스 위그노 내전과의 관련성에 대해 잘 알 수 있습니다.

Turrettini, François., *Institutio theologiae elencticae*, 3 vols., Geneva, 1679–1685.

https://books.google.com/books?id=jK8WAAAAQAAJ;

https://books.google.com/books?id=168WAAAAQAAJ;

https://books.google.com/books?id=s68WAAAAQAAJ

– 위 주소에서 각각 무료 내려받기가 가능합니다.

Turrettini, François., *Institutes of Elenctic Theology*. 3 vols., Edited by James T. Dennison, Jr. Translated by George Musgrave Giger. Phillipsburg, NJ: P&R Publishing, 1992–1996; 박문재, 한병수 역, 『변증신학 강요 1』, 서울: 부흥과개혁사, 2017.

박문재 역, 『칭의』, 서울: 솔로몬, 2018.

– 2권의 칭의 부분만 발췌하여 번역되어 있습니다.

Turrettini, François., *Francisci Turrettini Opera*. 4 vols., Edinburgh, 1847–1848.

– 위의 세 권 외에도, 투레티니의 주요 작품들을 추가해서 만든 전집입니다. 인터넷에서 이용이 가능합니다.

Turrettini, François., *De necessaria secessione notra ab ecclesia Romana et impossibili cum ea syncretismo disputationes. Accessit ejusdem disputationum miscellanearum decas*, Geneva, 1687.

https://books.google.com/books?id=ROG9-3LEas4C

– 생애 말년에 저술한 로마 가톨릭 반박서입니다. 이 책에서 투레티니는 로마 가톨릭이 "교리에 있어서는 이단적이고, 예배에 있어서는 우상을 숭배하고, 정치에 있어서는 폭압적"인 적그리스도이므로, 개신교회는 가톨릭과 하나가 될 수 없다고 주장했습니다. 이 책의 169–208에는 로마 교황을 적그리스도라고 부르는 이유를 증명하는 부분이 나오는데, 그것의 일부가 『로마 교황이 적그리스도인가』, 김활란 역, 생명의 서신, 2004에 한글로 번역되어 있습니다.

Turrettini, François., *De satisfactione Christi disputationes, cum indicibus necessariis,* Adjectae suntejusdem duae disputationes: (a) De circulo pontificio. (b) De Concordia Jaboci et Pauli in rticulo justificationis. Geneva, 1666.

– 종교개혁 시대에 소키누스라는 인물이 있었는데, 그의 사상을 계승하고 발전시킨 이들이 그리스도의 십자가와 죄용서가 직접적인 관련이 없는 것처럼 묘사하는 경향이 있었습니다. 이 책에서 투레티니는 소키누스주의자들의 전제, 즉 그리스도의 십자가가 없이도 하나님의 자비만으로 죄를 용서받을 수 있다는 생각을 반박합니다. 그리고 이 책의 일부가 편집되어 이태복 역, 『개혁주의 속죄론: 그리스도의 속죄』, 서울: 개혁된신앙사, 2002로 편역되었습니다.

Turrettini, François., *Recueil de sermons sur divers textes de l'Ecriture S. Pour l'etat present de l'Eglise*, Geneva, 1686.

https://books.google.com/books?id=L908AAAAcAAJ

– 다양한 주제에 대한 설교 모음집입니다.

Turrettini, François., *Sermons sur divers passages de l'Ecriture Sainte*, Geneva, 1676.

http://doc.rero.ch/record/12383

– 낭트 칙령이 폐기될 당시에 프랑스 교인들을 위로하는 설교집입니다. 주님의 교회
는 결코 망하지 않으니, 신앙을 포기하지 말고 끝까지 인내하라는 내용을 골자로 한
설교들을 담고 있습니다.

De Budé, E., Vie de François Turrettini: théologien genevois
1623–1687, Lausanne, Switzerland: Georges Bridel, 1871.

– 투레티니 전기 중에서 가장 우수한 책입니다.

Keizer, Gerrit., *François Turrettini: Sa vie et ses œuvres et le Consensus*,
Kampen, Netherlands: J. A. Bos, 1900.

– 투레티니의 생애와 소뮈르 신학에 대한 그의 경계심에 대해서 잘 분석해주고 있는
책입니다.

Muller, Richard A., *After Calvin: Studies in the Development of a
Theological Tradition*, New York: Oxford University Press, 2003.
한병수 역, 『칼빈 이후 개혁신학』, 서울: 부흥과개혁사, 2011, 333–
354.

– 이 글은 신학이란 무엇이며 신학과 이성과의 관계는 어떠해야 하는지에 대한 투레
티니의 진술을 분석함으로써, 중세 신학까지도 필요에 따라 폭넓게 활용하면서 종교
개혁 신학을 체계화하는 것이 투레티니의 신학방법론임을 입증하고 있습니다.

문병호, "언약의 실체 그리스도: 프란시스 뚤레틴의 은혜 언약의 일
체성 이해", 『개혁논총』 9 (2008), 119–144.

– 이 논문은 그리스도의 십자가 사건이 시간과 관계없이 구약이든 신약이든 신자에
게 같은 효력을 가지고 있다는 투레티니의 견해를 요약하고 분석한 것입니다.

제3장 제네바에서 취리히로

Heidegger, Johann Heinrich., *Historiae vitae Johannis Henrici Heideggeri theologi*, Zürich, 1698.
https://books.google.co.kr/books?id=QOo6AAAAcAAJ
– 하이데거의 자서전입니다. 현존하는 책들 중에서 하이데거의 생애를 가장 자세하게 다루고 있는 작품입니다. 필자가 위에 하이데거의 생애에 대해서 쓸 때에도 이 책을 참고하였습니다.

Heidegger, Johann Heinrich., *Corpus theologiae christianae*, Zürich, 1700.
https://books.google.co.kr/books?id=lk4_AAAAcAAJ
– 하이데거의 대표적인 교리책입니다. 신학 전반에 걸친 다양한 주제들을 다룹니다.

Heidegger, Johann Heinrich., *De historia sacra patriarcharum exercitationes selectae*, Amsterdam, 1667, 1671.
1권, https://books.google.co.kr/books?id=TmlOAQAAIAAJ
2권, https://books.google.co.kr/books?id=u6APAAAAQAAJ
– 구약성경 창세기에 나오는 족장들의 역사에 대해서 해설한 책입니다. 아담부터 요셉까지를 다루고 있습니다. 사실 코케이우스와 그의 추종자들이 성경 역사에 대한 관심을 많이 가지고 있었는데, 하이데거 역시도 이 책을 출판하면서 코케이우스의 영향을 받은 것이 분명합니다.

Heidegger, Johann Heinrich., *Historia papatus*, Amsterdam, 1684.
https://books.google.co.kr/books?id=F6YPAAAAQAAJ

– 로마 가톨릭 교회와 그 교리의 역사를 다루면서 로마 가톨릭을 비판하고, 루터파나 칼뱅의 개혁파 등이 역사적으로 잘못된 분파가 아님을 밝혀주는 책입니다.

Heidegger, Johann Heinrich., *In viam concordiae Protestantium ecclesiasticae manuductio*, Amsterdam, 1687.
https://books.google.co.kr/books?id=1JxOAAAAcAAJ
– 이 책은 칼뱅의 전통을 따르는 소위 개혁주의 신학자들이 만든 많은 신앙고백이 분열을 조장한다는 비판에 대해서 반박하는 책입니다. 신앙고백들은 교회를 분열시키는 것이 아니라, 사실은 종교개혁의 원래 정신을 보존함으로써 교회의 평화와 일치를 지키는 도구가 된다고 주장합니다.

Schaffert, Hans., "Johann Heinrich Heidegger," *Communio Viatorum* 18/3(1975): 113–126. ATLASerials.
– 하이데거에 대한 몇 안 되는 연구 중에 하나입니다. 하이데거의 지도를 받은 대표적인 동유럽 신학생들과 교회지도자들이 누구인지에 대해서 밝히는 논문입니다.

제4장 스위스 취리히에서 독일 하이델베르크로

Junius, Franciscus., *Opera theologica Franciscis Iunii Biturigis sacrarum literarum professoris eximii*, Heidelberg, 1608.
– 유니우스 전집입니다. ‘원전 맛보기’ 에 있는 글도 이 전집에 들어있습니다.

Junius, Franciscus., *Sacrorum Parallelorum*.
– 신학의 구약 인용에 대한 연구입니다. 유니우스가 하이델베르크에서 쓴 대표적인 작품입니다.

Junius, Franciscus., *De theologia vera*, 프란키스쿠스 유니우스, 한병수 역,『참된 신학이란 무엇인가』, 서울: 부흥과개혁사, 2014.

– 요즘 신학교에서 교리를 공부하게 되면, 제일 먼저 소위 신학이란 무엇이며 그것은 어떤 방식으로 연구해야 하는 학문인지에 관해 다룹니다. 역사적으로 보면 종교개혁 시대에는 아직 개신교 신학이 초기 단계에 있었기 때문에 신학서론을 체계적으로 다루지는 못했습니다. 그래서 종교개혁자들의 뒤를 이은 17세기 신학자들이 신학서론을 체계화하게 되는데, 이 작업을 잘 감당한 사람이 유니우스입니다.『참된 신학이란 무엇인가』는 유니우스의 신학서론을 잘 보여줍니다.

Junius, Franciscus., *Theses theologicae*,『신학 논제들』.
– 유니우스가 레이든에서 저술한 기독교 교리책입니다.

Junius, Franciscus., *Eirenicum*,『보편적 교회의 평화에 대하여』.
– 이 책에서 유니우스는 시편 122편과 133편을 근거로 독일과 프랑스 교회가 신앙고백이 서로 다르더라도 분열이 아니라 연합과 화평의 길로 나아가야 한다고 역설합니다.

제5장 하이델베르크에서 헤르본으로

Alsted, Johann Heinrich., Methodus ss. theologiae in VI libros tributa. Offenbach, 1611.
http://digitale.bibliothek.uni-halle.de/vd17/content/titleinfo/5741508(1634년판)

– 알스테드의 신학을 일목요연하게 볼 수 있는 책입니다. 이 책에 대해서는 '원전 맛보기' 를 참고하시면 됩니다.

Alsted, Johann Heinrich., Diatribe de mille annis apocalypticis, non illis Chiliastarum & Fantastarum, sed B.B. Danielis & Iohannis, Frankfrut, 1627.
https://books.google.co.kr/books/download/Diatribe_De_Mille_Annis_Apocalypticis_no.pdf?id=vfZgAAAAcAAJ
– 천년왕국과 종말에 대한 알스테드의 낙관적인 견해를 잘 보여주는 작품입니다.

Alsted, Johann Heinrich., The Beloved City, or, the Saints Reign on Earth a Thousand Years Asserted and Illustrated from LXV Places of Holy Scripture, besides the Judgement of Holy Learned Men both at Home and Abroad, and also Reason It Selfe: likewise XXXV Objections against This. London, 1643.
– 위의 라틴어 작품의 영어번역본입니다.

Hotson, Howard., *Paradise Postponed: Johann Heinrich Alsted and the Birth of Calvinist Millenarianism*, Dordrecht, Netherlands: Springer, 2000.
– 알스테드의 종말론 연구에 있어 중요한 책입니다. 알스테드의 잡다한 관심사를 포괄할 수 있는 길은 그가 모든 사상을 개혁하려고 했다는 점에 주목하는 것이라고 저자는 주장합니다.

히스베르투스 푸치우스

Voetius, Gisbertus., *Selectarum disputationum*, 전 5권.
– 푸치우스의 대표저서라고 할 수 있습니다. 4권까지는 이곳에서 볼 수 있습니다.
1–4권: https://www.e-rara.ch/zuz/content/titleinfo/6923958
5권: https://books.google.co.kr/books?id=-A05XUnTQlwC

히스베르투스 푸치우스, 요한너스 호우른베이크, 홍종락 역,『내 영이 주를 찬양하며』, 서울: 두란노, 2007.
– 영적인 침체와 그 회복에 관한 책입니다.

히스베르트 푸치우스, 황영식 역.『영적침체』, 서울: 누가, 2011.
– 이 책은 푸치우스의 어떤 책을 번역했는지에 대한 언급이 없어서 정확히 무엇을 보고 번역했는지 알 수 없지만, 전체적인 내용은 『내 영이 주를 찬양하며』와 유사한데, 분량이 조금 더 길고, 내용이 더 자세합니다.

Duker, A. C., *Gisbertus Voetius*. vol 1–3., Leiden, Brill, 1897–1914.
– 가장 훌륭한 푸치우스 전기입니다.

Van Asselt, Willem., *Voetius, Kampen*, Netherlands: De Groot Goudriaan, 2007.
– 푸치우스의 생애와 사상을 주제별로 간략하게 분석한 책입니다.

고신대학교 개혁주의학술원 편집, 『칼빈 이후의 개혁신학자들』, 부
산: 고신대학교 출판부, 2012.

– 푸치우스의 생애에 대해서 다루는 부분이 있습니다.

페트루스 판 마스트리히트

Mastricht, Petrus van., *Theoretico-practica theologica*. Utrecht, 1724.
https://books.google.co.kr/books?id=NZ5xZPQ7AEIC

– '원전 맛보기'에 이 책의 일부를 번역해 놓았습니다. 마스트리히트의 전체 저서
목록은 밑에 있는 Adriaan C. Neele의 책 289–295를 참고하시면 됩니다.

페트루스 판 마스트리히트, 이스데반 편역, 『개혁주의 표준 설교
법』, 서울: 기독교문서선교회, 2017.

– 위에 있는 『이론–실천 신학』 부록에 있는 글을 일부 한글로 번역한 책입니다. 어
떻게 설교를 준비할 것인가에 대한 마스트리히트의 실제적인 조언으로 구성되어 있
습니다.

Neele, Adriaan C., *Petrus van Mastricht (1630-1706). Reformed Method
and Piety*. Leiden: Brill, 2009.

– 마스트리히트의 『이론–실천 신학』을 어떻게 이해해야 하는지 알려주고 마스트리
히트의 생애와 사상에 대해서도 잘 개관해주는 연구서적입니다.

멜키오르 레이데커

Leydekker, Melchior., *Fax veritatis seu exercitationes ad nonullas controversias quae hodie in Belgio potissimum moventur*, Leiden, 1677.

https://books.google.com/books?id=yaRLAAAAcAAJ

– 레이데커의 교리책입니다. 당시 네덜란드에서 가장 크게 논란이 되었던 부분들을 중점적으로 다룬 것입니다.

Leydekker, Melchior., *Vis Veritatis*, sive disquisitionum ad nonnullas controversias, quae hodie in Belgio potissimum moventur de testamentis et oeconomia foederum Dei libri V. Utrecht, 1679.

https://books.google.com/books?id=FYBLAAAAcAAJ

– 코케이우스주의를 매우 철저하고 열정적으로 논박한 책입니다.

Hoek, Pieter Cornelis., "Melchior Leydecker (1642–1721): Een onderzoek naar de structuur van de theologie van een gereformeerd scholasticus." Ph.D., Vrije Universiteit Amsterdam, 2013.

http://hdl.handle.net/1871/47665

– 레이데커에 관한 가장 자세한 연구 논문이라고 할 수 있습니다. 레이데커가 하나님에 대한 교리(신론)를 다루는 부분에서 어떤 이야기를 했는지를 서술한 후에 레이데커의 신론은 중세 신학자 둔스 스코투스와 비슷한 구조를 가지고 있다는 결론을 내립니다.

제7장 우트레흐트에서 레이든으로

Coccejus, Johannes., *Operum Johannis Coccei*, Vol 7, Amsterdam, 1673.

https://books.google.com/books?id=8yFZAAAAcAAJ
- 코케이우스 작품 전집입니다.

Coccejus, Johannes., *Summa doctrinae de foedere et testamento Dei explicata*, Leiden, 1654.
https://books.google.com/books?id=5BA-AAAAcAA
The Doctrine of the Covenant and Testament of God, trans. Casey Carmichael, Grand Rapids, MI: Reformation Heritage, 2016.
- 코케이우스의 언약신학을 보여주는 대표저서입니다. 영어로도 번역되었습니다.

Van Asselt, Willem J., "Cocceius Anti-Scholasticus?", *Reformation and Scholasticism: An Ecumenical Enterprise*, ed. Willem J. van Asselt, Eef Dekker, 227-251. Grand Rapids, MI: Baker Academic, 2001. 한병수 역, 『종교개혁과 스콜라주의』, 서울: 부흥과개혁사, 2014.
- 반 아셀트에 따르면, 코케이우스의 언약신학과 스콜라주의를 대립시키는 것은 옳지 않습니다. 코케이우스는 스콜라주의적(혹은 학문적)인 동시에 언약신학적입니다.

Van Asselt, Willem J., *The Federal Theology of Johannes Cocceius* (1603-1669). Leiden: Brill, 2001.
- 코케이우스에 대한 최근의 연구 중에서 가장 유명한 책입니다.

Lee, Brian J., *Johannes Cocceius and the Exegetical Roots of Federal Theology*. Göttingen: Vandenhoeck and Ruprecht, 2009.
- 코케이우스의 히브리서 이해가 그의 언약신학 형성과 발전에 많은 영향을 끼쳤다는 것이 이 책의 논지입니다.

개혁주의학술원 편집, 『칼뱅 이후의 개혁신학자들』, 부산: 고신대학
교 출판부, 2012.

– 코케이우스에 대해 언급되어 있습니다.

제8장 네덜란드에서 영국 런던으로

사무엘 러더퍼드

Rutherford, Samuel., *The Covenant of Life Opened*, Edinburgh,
1655.

– 사무엘 러더퍼드의 언약사상을 알 수 있는 책입니다. 여기서 러더퍼드는 다른 신
학자들처럼 구속언약, 행위언약, 은혜언약에 대해서 말합니다.

사무엘 러더퍼드, 이강호 역, 『새뮤얼 러더퍼드 서한집』, 파주: CH
북스, 2002.

– 러더퍼드가 여러 사람들에게 보낸 편지인데, 그 내용에 경건한 묵상이 많습니다.
그때문에 이 책은 경건문학의 고전으로서 많은 사람들의 사랑을 받아왔습니다.

Coffey, John., *Politics, Religion, and the British Revoluations: The Mind
of Samuel Rutherford*, Cambridge University Press, 1997.

– 러더퍼드의 생애와 사상에 대해서 분석한 책입니다. 러더퍼드 연구에 입문할 때
읽으면 좋은 책입니다.

김중락, 『스코틀랜드 종교개혁사: 존 녹스에서 웨스트민스터 총회
까지』, 서울: 흑곰북스, 2017.

– 스코틀랜드 교회의 역사 속에서 러더퍼드가 차지하는 위치에 대해서 알 수 있도록
해주는 책입니다. 필자도 본 항목을 쓸 때 이 책을 주로 참조하였습니다.

존 오웬

오웬의 글은 아래와 같이 한글로 많이 번역되어 소개되었습니다.

존 오웬, 김귀탁 역, 『신자 안에 내재하는 죄』, 서울: 부흥과개혁사,
    2009.

존 오웬, 김귀탁 역, 『시험』, 서울: 부흥과개혁사, 2009.

존 오웬, 김귀탁 역, 『죄 죽임』, 서울: 부흥과개혁사, 2009.

존 오웬, 이한상 역, 『죄와 은혜의 지배』, 서울: 부흥과개혁사, 2011

존 오웬, 이근수 역, 『개혁주의 성령론』, 여수룬, 1988.

존 오웬, 서문강 역, 『존 오웬의 죄 죽이기』, SFC, 2009.

존 오웬, 조은화 역, 『성도의 견인』, 서울: 생명의말씀사, 2013,

존 오웬, 조계광 역, 『그리스도의 죽으심: 택함 받은 자를 위한 대속
    의 은혜』, 서울: 생명의말씀사, 2014.

존 오웬, 마르투스 선교회 역, 『템테이션』, 마르투스, 2014.

존 오웬, 마르투스 선교회 역, 『회복의 길: 영적 후패와 불신에 대한
    그리스도의 영광의 적용』, 마르투스, 2014.

존 오웬, 서문강 역, 『영의 생각, 육신의 생각』, 청교도신앙사, 2011.

존 오웬, 김귀탁 역, 『교제』, 복있는사람, 2016.

김남준, 『존 오웬의 신학』, 부흥과개혁사, 2009.

– 존 오웬의 생애와 주요작품을 간략하게 소개하는 책입니다.

Carl R. Trueman, *John Owen: Reformed Catholic*, Renaissance Man, Ashgate, 2007.

– 존 오웬의 생애와 사상에 대해서 간명하면서도 깊이 있게 다룬 책입니다.

17세기 연대표

<table>
<tr><td rowspan="2">

**1565–1640
초기
정통주의
시대**

</td><td>

1559 제네바 아카데미 설립

1561 네덜란드 신앙고백서(The Belgic Confession)

1562 프랑스 내전 시작

1563 하이델베르크 요리문답

1564 장 칼뱅 사망

</td></tr>
<tr><td>

1572 성 바르톨로뮤 축일 대학살

1575 하인리히 불링거 사망, 네덜란드 레이든 대학교 설립

1577 루터파 일치신조(Formula of Concord)

1579 프랑스 개신교 신학원 세당 아카데미(Académie de Sedan) 설립

1584 헤르본 아카데미 설립, 네덜란드 독립운동의 아버지 오라녜공 빌럼 1세 암살

1588 요한 하인리히 알스테드 출생

1589 히스베르투스 푸치우스 출생, 사보이 공국의 제네바 침공(1593년까지) [1592 임진왜란]

1594 앙리4세 프랑스 왕으로 즉위

1599 프랑스 개신교 신학원 소뮈르 아카데미(Académie de Saumur) 설립, 마레시우스 출생

1600 사무엘 러더퍼드 출생, 영국 동인도회사 설립

1602 프란키스쿠스 유니우스 사망, 윌리암 퍼킨스 사망, 네덜란드 동인도회사 설립

1603 요하네스 코케이우스 출생, 영국 엘리자베스 여왕 사망

</td></tr>
</table>

1605 테오도르 드 베즈 사망, 소설 돈키호테 출간

1609 아르미니우스 사망, 케플러가 행성 움직임에 대한 책을 출간하여 지동설 변호

1610 갈릴레오 갈릴레이, 망원경으로 목성 위성 관측

1611 킹 제임스 성경 출간

1614 네덜란드 흐로닝엔 대학 설립

1616 존 오웬 출생

1617 요하네스 호른벡 출생

1616 영국 작가 셰익스피어 사망

1618 도르트 대회 시작(1619년까지), 30년전쟁 발발(1648년까지)

1620 순례자들(The Pilgrims) 아메리카 대륙 상륙

1623 프랑수아 투레티니 출생, [인조반정]

1624 네덜란드 개혁파 경건주의자 테에링크(Teellinck, 1529–1629), 『헌신의 거울』 출간

1625 순수신학통론

1628 네덜란드인 벨테브레, 제주도에 표착

1630 페트루스 판 마스트리히트 출생

1633 요한 하인리히 하이데거 출생

1635 경건주의자 필립 야콥 슈페너(Philipp Jacob Spener)

1636 네덜란드 우트레흐트 대학 설립, [병자호란]

1637 철학자 데카르트, 『방법서설』 출간

1638 요한 하인리히 알스테드 사망

1639 윌리엄 에임스(Ames), 『신학의 정수』(*The Marrow of Sacred Divinity*) 출간

1642 멜키오르 레이데커 출생, 영국 내전 시작

1643 영국 국회에 의해서 웨스트민스터 총회 소집

1644 철학자 데카르트, 『철학의 원리』 출간

1647 웨스트민스터 신앙고백서, 웨스트민스터 소요리문답

1648 웨스트민스터 대요리문답, 30년 전쟁 종료, 베스트팔렌 조약 통해 네덜란드 독립 공식 인정

1649 영국 국왕 찰스1세 처형당함

1650 데카르트 사망

1652 제1차 영국–네덜란드 전쟁(1654년까지)

1653 하멜 제주도 표착

1658 올리버 크롬웰 사망, 사보이 선언

1660 영국 왕정복고

1661 사무엘 러더퍼드 사망

1663 독일 할레의 경건주의자 프랑케(Francke) 출생

1664 아이작 뉴턴의 중력 법칙 실험

1665 제2차 영국–네덜란드 전쟁(1667년까지)

1666 요하네스 호른벡 사망

1669 요하네스 코케이우스 사망, 쟝 드 라바디의 신비적 경건
     주의 운동이 네덜란드에서 정죄됨

1672 제3차 영국–네덜란드 전쟁(1674년까지), 프랑스–네덜란
     드 전쟁(1678년까지)

1673 사무엘 마레시우스 사망

1675 스위스 일치신조, 독일의 경건주의자 슈페너(Spener)『경
     건한 열망』출간

1676 히스베르투스 푸치우스 사망

1680–1725
정통주의 시대
(계몽주의에
의한 쇠퇴기)

1683 존 오웬 사망

1685 프랑스 왕 루이 14세 낭트 칙령 번복

1687 프랑수아 투레티니 사망

1688 영국 명예혁명

1698 요한 하인리히 하이데거 사망

1706 페트루스 판 마스트리히트 사망

1721 멜키오르 레이데커 사망

1725–
말기
정통주의
시대

ENDNOTES

미주

1   Herman Bavinck, *Reformed Dogmatics*, vol 1, Prolegomena, ed. John Bolt, trans. John Vriend (Grand Rapids, MI: Baker Academic, 2003), 180–181. 필자의 번역.

2   Richard A. Muller, *Post-Reformation Reformed Dogmatics*, 4 vols (Grand Rapids, MI: Baker Academic, 2003). 이 책의 1권과 3권이 각각 이레서원과 부흥과개혁사에서 번역·출간되었다.

3   Heinrich Heppe, 이정석 역, 『개혁파 정통교의학』(고양: CH북스, 2007).

4   고신대학교 개혁주의학술원 편, 『칼빈 이후의 개혁신학자들』(부산: 개혁주의학술원, 2013).

5   Willem van Asselt외 3인, 한병수 역, 『개혁신학과 스콜라주의』(서울: 부흥과개혁사, 2012).

6   제임스 1세는 스코틀랜드 왕 제임스 6세와 동일 인물이다. 잉글랜드 여왕이었던 엘리자베스가 자식이 없이 세상을 떠나면서, 스코틀랜드 왕이었던 제임스 6세에게 왕위를 물려주었는데, 제임스 6세가 잉글랜드 왕으로 즉위하면서 그 호칭도 제임스 1세로 바뀌게 된 것이다.

7   Jack B. Rogers & Donald K. McKim, *The Authority and Interpretation of the Bible: An Historical Approach* (SanFrancisco, CA: Harper&Row, 1979), 176, 188.

8   John W. Beardslee, "Theological Development at Geneva under Francis

and Jean-Alponse Turretin" (Ph.D. diss., Yale University, 1956), 315.

9 Willem van Asselt and Eef Dekker, "Introduction," in *Reformation and Scholasticism: An Ecumenical Enterprise* (Grand Rapids, MI: Baker Academic, 2001), 29. 이 책은『종교개혁과 스콜라주의』(서울: 부흥과 개혁사)라는 제목으로 역간되었다.

10 David Steinmetz, *Calvin in Context* (Oxford: Oxford University Press, 1995), 40-52.

11 Ibid, 40-52.

12 Richard Muller, *The Unaccomodated Calvin: Studies in the Foundation of a Theological Tradition* (Oxford: Oxford University Press, 2000), 50.

13 Willem van Asselt, 한병수 역,『개혁신학과 스콜라주의』(서울: 부흥과개혁사, 2012), 222.

14 Louis Cappel, *Arcanum punctationis revelatum, sive de punctorum voculium et accentum apud Hebraeos vera et germanae Antiquitate* (Leiden, 1624), II, xiv, 1-2.

15 Cappel, *Arcanumpunctationis*, II, xiv, 2.

16 Richard A. Muller, 한병수 역,『칼빈 이후 개혁신학』(서울: 부흥과개혁사, 2011), 368.

17 Josué de La Place, *De imputatione primi peccati Adami* (Saumur, 1655), I, vi, 7.

18 Charles Hodge, *Systematic Theology* (Peabody, MA: Hendrickson, 2003), 2:206. Charles Hodge가 인용한 라틴어 원문에서 일부를 필자가 발췌하여 번역하였다.

19 La Place, *De imputatione primi peccati Adami*.

20 Willem van Asselt,『개혁신학과 스콜라주의』, 223; Philip Schaff, *Creeds of Christendom* (New York: Harper & Brothers, 1877), 1:481.

21 "(1) That the motive impelling God to redeem men was benevolence, or love to men in general. (2) From this motive He sent His Son to make the salvation of all men possible. (3) God, in virtue of a

decretum universale hypotheticum, offers salvation to all men if they believe in Christ. (4) All men have a natural ability to repent and believe. (5) But as this natural ability was couteracted by a moral inability, God determined to give his efficacious grace to a certain number of the human race, and thus to secure their salvation." Hodge, *Systematic Theology*, 2:322. 필자의 번역.

22 Moise Amyraut가 Louis Cappel, Josué de La Place와 함께 저술한 *Syntagma thesium theologicarum in academia Salmuriensi variis temporibus disputatarum, pars secunda* (Saumur, 1664), 102–110에도 보면, 두 종류의 작정이라는 이러한 체계가 반영되어 있다. 물론 이 책은 소뮈르 학파가 정통에서 벗어나지 않았음을 입증하기 위하여 논쟁이 될 만한 부분은 최소화하고 전체적으로 온건한 입장을 설파하는 경향이 있다 보니, 이 책만으로 소뮈르 논쟁의 핵심을 파악하기는 쉽지 않다.

23 Willem van Asselt, 『개혁신학과 스콜라주의』, 223.

24 Willem van Asselt, 『개혁신학과 스콜라주의』, 223–224.

25 Peter A. Lillback, "The Covenant," in *New Dictionary of Theology* (Downers Grove, IL: Inter Varsity Press, 1988), 175.

26 Heiko A. Oberman, *Luther: Man Between God and the Devil* (New Haven, CT: Yale University Press, 1989), 138.

27 Lillback, "Calvin's Interpretation of the History of Salvation: The Continuity and Discontinuity of the Covenant," in *Theological Guide to Calvin's Institutes: Essays and Analysis*, eds. David W. Hall and Peter A. Lillback (Philipsburg, NJ: P&R, 2008), 177.

28 Heinrich Bullinger는 1534년에 *De testamento seu foedere Dei unico et aeterno*(단일하고 영원한 하나님의 언약에 대하여) 이라는 제목으로 언약신학에 대한 책을 출판했다. 이것이 Charles S. McCoy and J. Wayne Baker, *Fountainhead of Federalism: Heinrich Bullinger and the Covenant tradition* (Louisville, KY: Westminster John Knox Press,

1991) 99-138에 영어로 번역되어 있다.

29 이 점에 대해서는 Lillback, 원종천 역, 『칼빈의 언약사상』(서울: 기독교문서선교회, 2012)을 보라.

30 Lillback, "Ursinus' Development of the Covenant of Creation: A Debt to Melanchthon or Calvin?" *Westminster Theological Journal* 43 (Spring 1981): 247.

31 (10) Quid docet lex divina?

Quale in creatione foedus cum homine Deus iniveriet; quo pacto se homo in eo servando gesserit: et quid ab ipso Deus post initum cum eo novum foedus gratiae, requirat; hoc est, qualis et ad quid conditus sit homo a Deo, in quem statum sit redactus: et quo pacto vitam suam Deo reconciliatus debeat instituere.

(36) Quod est discrimen Legis et Evangelii?

Lex continet foedus naturale, in creatione a Deo cum hominibus initur, hoc est, natura hoinibus nota est; et requirit a nobis perfectam obedientiam erga Deum, et praestantibus eam, pronittit vitam aeternam, non praestantibus minatur aeternas poenas.... August Lang, *Der heidelberger Katechismus* (Leipzig, 1907), 153, 156, quoted in Lillback, "Ursinus' Development of the Covenant of Creation," 247. 영어 번역본은 http://links.christreformed.org/doctrinevision/ursinus_project.pdf에서 확인할 수 있다.

32 Moise Amyraut, "Syntagma thesium theologicarum" in *academia Salmuriensi variis temporibus disputatarum*, pars prima, 216.

33 Muller, *Calvin and the Reformed Tradition: On the Work of Christ and the Order of Salvation* (Grand Rapids, MI: Baker Academic, 2012), 107-160; Willem van Asselt, 『개혁신학과 스콜라주의』, 221.

34 Willem van Asselt, 『개혁신학과 스콜라주의』, 224.

35 그러한 오해를 잘 보여주는 책을 예로 들면, Brian G. Armstrong. *Calvinism and the Amyraut Heresy: Protestant Scholasticism and Humanism*

in Seventeenth-Century France (Madison, WI: The University of Wisconsin Press, 1969)이 있다.

36 Moise Amyraut, *Brief traitte de la predestination et ses principales dependances* (Saumur, 1634), 102–119.

37 "…parce qu'on sçait qu'il y en q divers dans l'Eglise Reformée, qui croient la Grace Universelle et qu'on demeure d'accord que ce n'est pas un Article essentiel et fundamental et absolument necessaire au salut." Gerrit Keizer, François Turrettini: sa vie et ses oeuvres et le Consensus (Kampen: Netherlands: J. A. Bos, 1900), 93–94.

38 Francisus Turrettinus, *Institutio theologiae elencticae*, 12.12.2.

39 Willem van Asselt, 『개혁신학과 스콜라주의』, 211.

40 Johannes Cocceius, *Summa theologiae ex scripturis repetita* (Geneva, 1665), 528–529; Cocceius, "Moreh nebochim: utilitas distinctionis duorum vocabulorum scripturae, πάρεσις&αφέσις," in *Operum Johannis Coccei* (Amsterdam, 1673), 7:121–134[쪽수가 일정하지 않음].

41 Cocceius, "Moreh nebochim," §88.

42 Abraham Heidanus, *De sabbath et die Dominica disputatio* (Leiden, 1658), 50.

43 Heidanus, *De sabbath et die Dominica*, 50.

44 Gisbertus Voetius, *Selectarum disputationum theologicarum, pars tertia* (Utrecht, 1659), 241, 279, 358–359.

45 "Maresius, Samuel," in *Nieuw Nederlandsch biografisch woordenboek*, Deel 2 (Leiden: A. W. Sijthoff, 1912), 869.

46 Willem van Asselt, 『개혁신학과 스콜라주의』, 213.

47 Willem van Asselt, 『개혁신학과 스콜라주의』, 211.

48 Maresius가 비판하는 Gisbertus Voetius의 *Selectarum disputationum theologicarum* 1권과, 그의 아들 Paulus Voetius가 쓴 *theologia naturalis reformata* (Utrecht, 1656)는 공히 신론을 주로 다루고 있는 저작들

이다. Samuel Mareius, *Epistola ad amicum de reconciliatione inter se et celeberrimum D. Voetium* (Groningen, 1661), 9, 37을 보라.

49 Willem van Asselt, 『개혁신학과 스콜라주의』, 213-4.

50 Willem van Asselt, "'A Grievous Sin': Gisbertus Voetius(1589-1676) and His Anti-Lombard Polemic," in *Church and School in Early Modern Protestantism: Studie sin Honor of Richard A. Muller on the Maturation of a Theological Tradition*, ed. Jordan J. Ballor, David Sytsma, Jason Zuidema (Leiden: Brill, 2013), 505.

51 Asselt, "'A Grievous Sin,'" 509.

52 Samuel Maresius, *Consideratien Raeckende 't Stuck van Leeninge op Interest ende Panden* (Leiden, 1657), 48; Doede Nauta, *Samuel Maresius* (Amsterdam: H. J. Paris, 1935), 294; Van Asselt, "'A Grievous Sin,'" 516.

53 Asselt, "A Grievous Sin," 516.

54 Paulus Voetius, *De duellis ex omni jure decisis casubus* (Utrecht, 1658), 314.

55 Mareius, *De reconciliatione inter se et Voetium*, 37.

56 Bavinck, *Reformed Dogmatics*, 1:181.

57 Willem Van Asselt는 1669년에야 두 사람이 화해했다고 주장한다. Willem Van Asselt, 『개혁신학과 스콜라주의』, 214. 하지만 공식적으로 화해를 선언하는 *De reconciliatione inter se et Voetium*이 출판된 것은 1661년이다. 따라서 이 두 사람이 1658년에서 1661년 어간에 화해했다고 하는 Reitsma의 주장이 더 설득력이 있다. J. Reitsma, *Geschiedenis van de hervorming en de hervormde kerke der Nederland*, ed. J. Lindeboom, 4th ed. (Utrecht, Netherlands: Kemink & Zoon N. V., 1933), 371.

58 J. Kuiper, *Geschiedenis van het godsdienstig en kerkelijk leven van het Nederlandsche volk* (Utrecht: A. H. Ten Bokkel Huinink, 1900), 203.

59 Reitsma, *Geschiedenis van hervormde kerke der Nederland*, 370.

60 Maresius, *De abus uphilosophiae cartesianae, surreptente & vitando in rebus theologicis et fidei, dissertatio theologica* (Groningen, 1670).

61 Voetius, *Selectarumdisputationumtheologicarum*, 5:314. 더 상세한 분석을 위해서는 Gyeongcheol Gwon, "The Lamb Slain from the Foundation of the World: Francis Turretin (1623–1687) on Christ's Suretyship under the Old Testament"(Ph.D. diss., *Westminster Theological Seminary*, 2016), 57–58을 보라.

62 Melchior Leydekker, *Vis veritatis,sive disquisitionum ad nonnullas controversias, quae hodie in Belgio potissimum moventur de testamentis et oeconomia foederum Dei libri V* (Utrecht, 1679).

63 Petrus van Mastricht, *Theoretico-practica theologia* (Utrechtand–Amsterdam, 1715), 402.

64 Leydekker, *Filius Dei sponsor* (Amsterdam, 1708); Van Asselt, "Expromissio or Fideiussio? A Seventeenth–Century Theological Debate between Voetians and Cocceians about the Nature of Christ's Suretyship in Salvation History," *Mid-American Journal of Theology* 14 (2003):46.

65 Leydekker, *Ibid.*, b:45.

66 M. van der Bijl, "De tweedracht van voetianen en coccejanen in politiek perspectief" in *Eenrichtingens trijdinde Gereformeerdekerk: voetianen coccejanen 1650-1750*, ed. F. G. M. Broeyerand E. G. E. van der Wall (Zoetermeer, Netherlands: Boekencentrum, 1994), 83–84.

67 영어로 Belgic Confession이라고도 하는 이 신앙고백서의 제목에 주의할 필요가 있다. 당시에는 네덜란드와 벨기에가 한 나라였으므로 *Belgicus*라는 라틴어 단어는 네덜란드 전체를 지칭하는 것이다. 그러므로 오늘날의 시각에서 보고 '벨기에 신앙고백서'라고 번역하는 것보다 그 시대 상황을 고려하여 '네덜란드 신앙고백서'라고 하는 것이 더 정확한 표현이다.